AUTÓNOMOS

LA GUÍA DEFINITIVA

BLACKIE BOOKS

A Diana López Varela,

Cando maxino que es ida,
no mesmo sol te me amostras,
i eres a estrela que brila,
i eres o vento que zoa.

Autónomos, la guía definitiva
es un proyecto del Comité Blackie

Idea original: Comité Blackie
Conceptualización y desarrollo: Toni García

Diseño: Setanta
www.setanta.es

Impresión: Liberdúplex

Impreso en España

Calle Església, 4-10
08024, Barcelona
www.blackiebooks.org
info@blackiebooks.org

Primera edición: noviembre de 2014
Segunda edición: diciembre de 2014

ISBN: 978-84-16290-05-5
Depósito legal: B. 21.744-2014

ÍNDICE

PRÓLOGO

Cuando empezamos a hablar de este libro decidimos que había que buscar una figura que representara a los autónomos de una forma gráfica. Ya saben, una especie de icono que los representara a todos y que generara cierta empatía en el lector. Discutimos durante horas (unos días con risas, otros sin) sobre cómo debía ser esa figura. Sin embargo, y aunque nos salieron cosas como autognomos, autrolls, autonomuelas, la hormiga autónoma, autonomonstruos, autonomocos, ratónomos, autonominis, autonomínimos, Autonomis (como los Lunis), autonomiss España, AutonomOsos, Los osos autónomos o Las fabulosas tortugas freelance (también nos gustaban los automonos pero no acabábamos de ver la relación entre el mono y el autónomo y tampoco queríamos ofender a ningún colectivo, humano o animal), decidimos que no había nada más representativo para este libro sobre autónomos que una taza de café. Pura y simplemente. Todos los autónomos andamos de aquí para allá con una taza de café (a la que a veces añadimos un chorrito de algún licor de alta graduación). Algunos modernos a las tazas las llaman *mugs*, y de ahí surgió un nombre: los «autonomugs». Lo teníamos, era perfecto. Imposible mejorarlo. Para redondearlo, habíamos decidido que habría varios tipos de esos *mugs* porque hay muchas clases de autónomos. Qué pedazo de idea…

La euforia no duró. Nos encantaba lo de las tazas para representar a autónomos, pero lo de llamarlas «autonomugs» nos pareció una gilipollez. Así que de momento las tazas siguen sin nombre, pero a ellas no les importa, porque van sobradas de actitud.

Ser autónomo en España es difícil (algunos/as dirán que en España es difícil ser cualquier cosa, y tampoco les quitamos la razón) y no parece que las cosas vayan a cambiar. En este libro damos algunas cifras, anticipamos otras y en general tratamos de rellenar algunos huecos que nos parecían relevantes, pero no es este un trabajo sesudo sobre el panorama económico y social de los autónomos sino más bien una guía, un manual algo perverso sobre todo aquello que siempre quiso saber sobre los autónomos y nunca se atrevió a preguntar. Quizás no responderá todas sus dudas pero seguro que cuando acabe sabrá mucho más de lo que suponía que iba a aprender.

Este no es un libro de autoayuda (para que fuera un libro de autoayuda hubiera tenido que escribirlo usted mismo) pero le damos algunos consejos, todos ellos hijos del sentido común. Sobre todo, hemos querido que fuera un libro autónomo, con un buen número de voces distintas, sobre un colectivo tan heterogéneo que nunca hemos visto en un periódico la expresión «manifestación de autónomos». De hecho, si se cruza usted en este país con una manifestación de autónomos exigiendo sus derechos (así, en general) avise a sus amigos y haga muchas fotos porque estará asistiendo a un evento histórico. Los autónomos son como el lobo estepario, un animal más bien solitario que por su propia naturaleza no acostumbra a moverse en manada y este libro trata de hacerle justicia a eso. Ya decía Nietzsche que lo de la soledad era para dioses. O para monstruos.

Inexplicablemente, no hay ningún libro ahí fuera llamado *La mística del autónomo*, en el que se hable de la paciencia, el talento y la energía de los centenares de miles de autónomos que salen cada día a darle a la manivela para que el país siga funcionando. Ya lo decía el director de cine Kevin Smith en aquel célebre chiste de su película *Clerks* a cuenta de *La guerra de las galaxias*: «Muchos autónomos murieron en el ataque a la Estrella de la Muerte porque el Imperio no tenía la capacidad de hacer esa gigantesca obra por sí solo, así que tuvo que contratar a un montón de trabajadores independientes».

Si ni siquiera algo tan poderoso como el Imperio podía funcionar sin autónomos, ¿cómo va a poder España tirar adelante sin este colectivo?

Sin embargo, y a pesar de lo evidente que resulta la importancia del autónomo para la economía española, el Estado sigue viendo al trabajador por cuenta propia como una especie de intruso, las entidades bancarias lo ignoran y el crédito no fluye como debería hacerlo… bueno, no fluye en absoluto.

Uno de los autónomos entrevistados para este libro (nos reservamos su identidad) nos contó que está convencido de que en cuanto cierra la puerta de casa alguna fuerza misteriosa mueve sus muebles unos centímetros para que cuando vuelva por la noche se abalancen sobre él, sorprendiéndole en el pasillo, el comedor o el baño. Esa sensación de que alguien te pone la zancadilla constantemente asoma en cada página de este libro, excepto que aquí no hay fuerza misteriosa que valga: todos los autónomos saben dónde radica el problema y muchos tienen soluciones más efectivas que las que se encuentran en este momento sobre la mesa.

Si es usted un autónomo o una autónoma y se ha comprado este libro esté seguro de que en él encontrará quejas, números, datos y complicidad, además de unas cuantas cuestiones legales que hemos querido desenredar para usted, si es que es posible desenredar esas cosas. También, porque usted se lo merece todo, hemos incorporado una parte en la que podrá clamar al cielo pero por escrito (veanse la páginas finales de «Notas, cálculos y desahogos», para insultar y blasfemar con elegancia), como Dios manda.

En este libro podrá leer la palabra «autónomos» por todas partes. Por eso, si pertenece usted a cualquier otro colectivo le pedimos disculpas: este es un trabajo de autónomos para autónomos. Si tiene una nómina (de las buenas, no de las de ahora) debería saber que esto da más miedo que una novela de Stephen King. Absténgase.

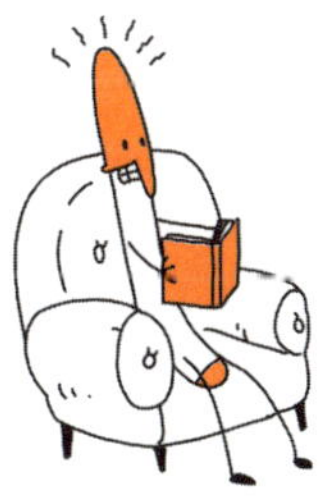

A todos/as los demás: pasen y vean.
Comité Blackie

P.D.: hemos registrado lo de «autonomugs». Por si acaso.

Capítulo 1

SER AUTÓNOMO EN ESPAÑA, EL MUSICAL

AUTÓNOMOS, EL ORIGEN

No es sencillo, ni práctico, ser autónomo en España.

Nunca lo ha sido, piensa uno si repasa la historia del país, y no es probable que eso vaya a cambiar. Por un lado, y la situación ha sido así desde la llegada de la democracia, **las promesas al colectivo se han combinado con una flagrante falta de medidas** que permitieran la estabilidad de un grupo siempre sujeto a cambios, incluso meteorológicos.

Por otro lado, **no existe un trabajador más castigado** (en tiempos de bonanza y en tiempos de crisis) y por el que exista una indiferencia tan notable de los poderes fácticos.

A nadie le importan los autónomos, ni siquiera –probablemente– a los otros autónomos.

Ellos dicen, ellas dicen

La propaganda reza que hay tres millones de autónomos en España. Sin embargo las cifras dicen que, desde que arreciara la crisis allá por 2008, el colectivo ha decrecido en decenas de miles, algunos por cese de actividad, otros porque ya no se lo pueden permitir y unos pocos porque vivir al margen de la Agencia Tributaria les es más rentable que permanecer en su radio de acción. La cuestión, indiscutible, es que ser autónomo en España en el s.XXI es casi una heroicidad propia de los protagonistas de las epopeyas griegas. Nadie sabe cómo hubieran acabado Ulises, Aquiles o Apolo si hubieran tenido que ajustarse al conjunto de las regulaciones que marcan la vida de un trabajador por cuenta propia en nuestro país.

Al autónomo se le exigen, principalmente, tres cosas: **que pague sus cuotas** (con bases que van desde los 250 euros hasta los 3.750, dependiendo de la actividad), **que declare las cantidades de IVA** de las facturas que emita y **que sufra en silencio** ante la falta de iniciativas gubernamentales para promover su actividad (carencia que en los últimos años se ha acentuado de manera flagrante).

Dejad que los autónomos se acerquen a mí

▶ De lo primero (las cuotas) se sabe que **un solo día de retraso en el abono de las mismas conlleva un recargo del 20%.** Efectivamente, amigo, y sepa además que la cuota en cuestión no le va a llegar a mes vencido para que ya haya usted cobrado lo que tiene que cobrar. No esperará a que tenga en el banco el *cash flow* (cómo nos gusta esa expresión) necesario para abonar sus 300 euros. No, la Tesorería General de la Seguridad Social le enviará el recibo el día 28 o 29. Ya sabe, son malos tiempos para la lírica y siempre pringan los mismos. No diga que no le hemos avisado y tenga usted el dinero disponible a partir del 25: nunca se sabe cuándo la SS llamará a la puerta.

Si quiere hacer un ejercicio la mar de divertido y que le llevará unos pocos minutos coja una calculadora y haga estas simples cuentas. Vamos, atrévase, es usted autónomo/a y no hay reto que le/la asuste:

A) Le paga usted tarde al Estado una de las mensualidades de autónomos –por la razón que sea–. Este le contesta con una carta-multa en la que le reclama el importe, más un 20% de recargo, más un 3% de intereses (que se

acumulan mensualmente si usted sigue sin pagar). ¿Cuánto debería pagar al Estado si no abonase esa cantidad hasta seis meses después?

B) **Hacienda le debe a usted 1.000 euros desde hace dos años y no hay manera de que le pague. Finalmente lo hacen, ¿qué cantidad debería abonarle si aplicara los mismos criterios que le impone a usted? ¿Cuánto le pagará en realidad? (Deje que contestemos nosotros esta última pregunta: 1.020 euros, aplicando el 2% de interés general que ellos mismos han fijado por su morosidad).**

C) **¿Y si tardaran cinco años en devolverle su dinero? ¿Sabe cuánto le darían? Efectivamente, 1.020 euros.**

¿Qué le parece? ¿A que no sabía que podía divertirse tanto con una calculadora y un par de preguntas?

▶ De lo segundo se sabe que, a pesar de las promesas electorales, el pago del IVA es casi inevitable, aunque el trabajador no haya cobrado una factura determinada (el Gobierno del PP, que hizo aquella promesa solemne de «ningún autónomo pagará su IVA hasta que lo haya cobrado», se ha encargado de alambicar el proceso de tal forma que es más sencillo pagar ese IVA y olvidarse del asunto que tratar de evitar el pago del impuesto y enmarañarse en horas de papeleo).

▶ De lo tercero sabemos que de la falta de recursos dedicados a la habilitación de préstamos y a la concesión de líneas crediticias, se puede culpar por igual a todos los gobiernos (sea cual sea su signo político), así como a muchas asociaciones de autónomos (no todas, ojo) cuya labor en este sentido es puramente decorativa. No por nada, algunos capitostes autónomos permanecieron impasibles ante la subida de 5 puntos (nada menos) en los tramos de IRPF del colectivo. Igual no les parecía bien, pero demostraron que mal tampoco.

Por supuesto, tampoco el PSOE hizo nada para cambiar la situación en los ocho años en los que gobernó (retrotraernos a épocas anteriores sería un ejercicio de puro masoquismo) y en general, y por asombroso que parezca, **las campañas electorales nunca incluyen propuestas concretas para los autónomos, más allá de la verborrea decorativa** que se difumina tan pronto la papeleta se deposita en la urna. El concepto *autónomo* es como el sexo en las películas de Hollywood: más vale no jugar con él.

Por tanto, la primera pregunta (y la más importante) antes de empezar este libro es: ¿De verdad necesita ser autónomo?

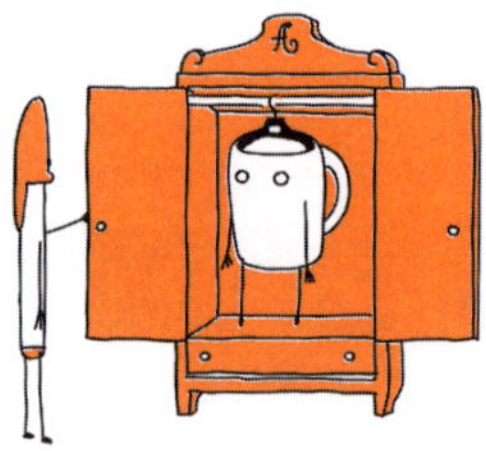

Parece una cuestión algo rupestre, pero lo cierto es que quizá no necesite acogerse a este régimen. Quizá tenga mecanismos para evitarlo y llevar una vida más ligera, menos ajetreada. Si realmente debe cotizar en este régimen puede ahorrarse muchos dolores de cabeza sabiendo bien cuáles son las reglas del juego y, como en cualquier ámbito de la vida, la información puede acabar siendo la pieza más valiosa del puzle.

En las siguientes páginas intentaremos aclarar **el marasmo administrativo y burocrático** que se esconde tras una palabra que hace unos años significaba a los tipos (y tipas) atrevidos y, en cierto modo, afortunados, y que **ahora describe a una suerte de kamikazes** prestos a estrellar su avión contra la cubierta del Nimitz. Es un decir, pero si es autónomo seguro que entiende a qué nos referimos, ¿verdad?

Por supuesto, y más allá de las hipérboles, uno puede ganarse bien la vida ejerciendo por su cuenta, pero es importante saber a qué nos enfrentamos cuando accedemos al régimen de autónomos.
El conocimiento de la legislación acarrea muchos disgustos pero –al final– puede ahorrarle tiempo y dinero y ayudarle a crear la burbuja organizativa necesaria para que nada (ni nadie) le pille desprevenido/a.

ESTE LIBRO, SU LIBRO

De eso trata este libro: de enseñarle a manejarse en un barco metido en un océano de leyes, cláusulas, facturas, retenciones, y documentos que parecen diseñados para provocar el caos. Cuando la empresa eres tú, tú asumes todas las responsabilidades. **Lo que los anglosajones llaman *one man army* ('ejército de un hombre') no es más que la definición perfecta de la rutina diaria de un autónomo** (aunque como todo en la vida, hay excepciones).

Para hablar de autónomos hay que hablar con autónomos: **las experiencias de periodistas, abogados, fotógrafos, actores, empresarios o ingenieros** ilustran las páginas de este libro, porque la única cosa mejor que la teoría es la práctica y porque ya hay (algunos) manuales de autoayuda para autónomos ahí fuera y esto –no te quepa duda– no lo es.

Ben-Hur era autónomo

Queríamos empezar este libro a lo grande, con un resumen de datos macroeconómicos que mostraran al mundo (así en general) la importancia del RETA (Régimen Especial de Trabajadores Autóno-

mos), así como su impacto en el PIB y la imposibilidad que tendría este país de tirar adelante sin su colaboración.
Imagínese (tenga mucha imaginación) un gran diagrama de Venn con un montón de números pero perfectamente entendible que le diera a usted una perspectiva perfecta del rol de los autónomos en España.

Este libro se ha imprimido en dos tintas (dos colores, vaya) así que el gráfico no sería espectacular en ese sentido, pero impactante sería un rato. Un gran infografista se encargaría de que fuera así (y aquí solo trabajamos con grandes infografistas, que quede claro).
Así que hablamos entre nosotros y dijimos: «Hay que buscar esas cifras», y nos pusimos a ello como posesos. Primero en Google. Pero en Google no salía nada. Hicimos otra reunión, de emergencia, porque si algo no sale en Google es probable que no exista. Lo intentamos con todo tipo de palabras clave («impacto», «autónomos», «economía», «España»), pero nada de lo que aparecía era de ninguna ayuda. Así que el editor tomó la decisión (vista la premura y la falta de resultados) de buscar en Yahoo.

Efectivamente, amigos y amigas, buscamos en Yahoo, ya como último recurso (bueno, el último hubiese sido buscar en MySpace pero –afortunadamente– no tuvimos que llegar a eso). La cosa siguió igual: silencio. Cero. Nada. Un montón de datos sobre otros asuntos que finalmente no conducían a lo que realmente buscábamos. Un auténtico desastre.

Después de otra reunión, aún más urgente que la anterior, decidimos hacer lo que deberíamos haber hecho desde el principio: llamar a una asociación de autónomos, una de las buenas.

(Por cierto, desde aquí damos las gracias a los trabajadores de la UPTA, la Unión Profesional de Trabajadores Autónomos, por su inestimable colaboración en este libro. Quede dicho)

Su respuesta nos ha permitido llegar a algunas conclusiones, que hemos puesto en este gráfico.

No, no es que no nos hayan enviado los datos. Lo han hecho, y rápido, lo que pasa es que no hay datos de 2014. Tampoco de 2013, 2012, 2011 o 2010. Los últimos datos que hay en este sentido (impacto del trabajador autónomo en la economía española, recordemos) son de 2009. Y tampoco es que sean específicos, ni que aborden nada en concreto.

Esto es lo que dice la UPTA al respecto:

«No existe un medidor definido y periódico que establezca la participación de los autónomos en la economía. El último informe proviene del año 2009, por encargo del Ministerio de Industria, que viene a medir la participación de las denominadas "pymes no societarias", es decir, personas físicas con actividad económica, en la creación de valor añadido bruto de las empresas en general. Entonces se definía en el 18,5% aproximadamente, aunque el dato es estimado y no recoge al conjunto del colectivo. En términos de porcentaje sobre la población activa ocupada los autónomos conformarían un 19%, porcentaje parecido en el número de afiliados a la Seguridad Social con relación al conjunto del sistema».

Es decir que nadie sabe realmente (y si lo sabe lo ha guardado en un sitio oscuro y probablemente húmedo del Ministerio de Industria) lo que generan los autónomos de todas las razas, profesiones y colores. Resulta hasta cierto punto sorprendente que el último estudio al respecto sea de 2009 y que ni siquiera sea preciso, y más raro aún que en 2009 existiera interés por saber qué **pasaba con los autónomos** y ahora –en 2014–, con la que está cayendo, **a todos les importe un pito**.

Con la cantidad de dinero que se destina a fundaciones de partidos políticos para que realicen toda clase de estudios (a cada cual más delirante), ¿no sería normal realizar un estudio específico sobre el peso del autónomo en la economía española?

Autónomos, no gracias

Bueno, está claro que alguien piensa que no. De la misma manera (hay un pequeño capítulo de este libro dedicado al asunto) **no puede encontrarse –o al menos no lo hemos encontrado– ningún estudio comparativo sobre lo que significa ser autónomo en Europa**. Los hay de asalariados (ya sabe, esa pequeña patraña de cuál es el salario medio) y hasta de sectores concretos, pero de autónomos nada de nada. Suponemos que de existir no sería muy benévolo con España. Mientras un neoyorquino funda una empresa en 72 horas y con apenas 800 dólares, el español debe invertir seis meses de su tiempo y 5.000 euros para arrancar un negocio de las mismas características.

La cuestión es que (a ojo) podemos decir que el autónomo genera un 20% del valor bruto en el conjunto de la economía española. ¿Un 20% no está mal, verdad? Pues la verdad, generar un 20% y recibir entre 0 y nada...

Para hacer este libro hemos hablado con varios gestores y otros tantos abogados (que insisten en no ser nombrados), que fruncen el ceño cuando se les habla de las medidas tomadas por los distintos ejecutivos para compensar a los trabajadores autónomos por la presión fiscal que reciben, e incentivarlos para que a su vez puedan contratar a otros autónomos.

Plana que te quiero plana

Uno de ellos es la famosa *tarifa plana* (hablamos de ella en otro capítulo) que empezó siendo otra tirita de la ministra Fátima Báñez (que cree –lo ha dicho en público– que si se quiere fomentar el empleo hay que encomendarse a la Virgen del Rocío) para acabar remendando la ley y finalmente lapidarla: ella quería que solo accedieran a estas ayudas los menores de 30 años, dejando así fuera a decenas de miles de personas que veían como se esfumaba otra posibilidad de acceder a un empleo.

Al final rectificó, y la tarifa plana se ha aplicado a todos los trabajadores que cumplían las condiciones demandadas, independientemente de su edad: haber estado cinco años sin cotizar como autónomo, por ejemplo.

Esto dice la UPTA:

«Por el momento son aproximadamente unos 250.000 los autónomos que se benefician en alguna de sus fases de las bonificaciones de cuotas a la Seguridad Social, que también se denomina tarifa plana. Corresponde con el número de las nuevas altas que se han producido en el último año y especialmente desde que se extendió la medida a todos los nuevos autónomos con independencia de su edad. Todavía es pronto para poder sacar conclusiones, ya que la mayoría de esos autónomos todavía están en periodo de reducción, sea en un 80% o un 50%. No se han hecho públicos datos de la evolución de las bajas, tendremos que sacar los resultados de la diferencia entre altas y bajas y saber de esta forma si hay un resultado neto positivo en un tiempo prudencial».

250.000 autónomos de todas las edades y condiciones apuntados a la tarifa plana. ¿Qué pasará cuando se ejecute la tarifa plena? Agárrense los machos.

O sea, que de momento no sabemos cómo ha funcionado este apaño. Algunas fuentes han confesado que el porcentaje de abandono del RETA en cuanto acabe este modelo de tarifa plana será estratosférico (más información en pág. 34).

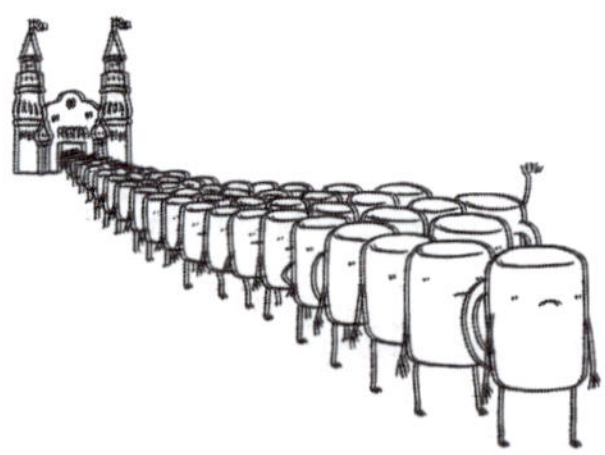

Los datos

Pero avancemos: **no tenemos datos oficiales sobre cifras macroeconómicas** (si quiere usted ponerse creativo puede volver al recuadro en blanco e inventárselas); **tampoco hay datos oficiales sobre el im-**

pacto de la tarifa plana (aunque este contratiempo es entendible, ya que su aplicación es muy reciente). **Lo que sí tenemos son los resultados de la cacareada promesa del Gobierno de Mariano Rajoy** que hemos mencionado anteriormente: «Ningún autónomo pagará el IVA de sus facturas hasta que las haya cobrado».

Otra vez la UPTA, y lea atentamente (por favor):

«El sistema del denominado *IVA con criterio de caja* se aprobó en la recientemente promulgada Ley de Emprendedores. Sin embargo, su uso ha sido muy limitado, ya que la fórmula no es universal, sino solo para las empresas que facturan menos de un millón de euros. Esto hace que, si bien los autónomos que se acogen pueden liquidar el IVA cuando cobran la factura, los clientes, habitualmente grandes empresas, no pueden compensarse el IVA hasta que hacen el pago efectivo. El efecto ha sido que las grandes compañías han aconsejado a sus proveedores que no hagan uso del sistema. Por otra parte, el exceso de complejidad administrativa y contable que el modelo de liquidación impone tampoco ha animado a su uso. La consecuencia es que escasamente 18.000 autónomos o pequeñas empresas se han acogido a esta opción».

El asunto aquí es que si tomamos la cantidad de autónomos de este país (unos tres millones) y hacemos unas sencillas operaciones matemáticas, llegamos a la conclusión de que menos del 0'1% de los autónomos españoles se han adherido a esta opción.

Además, tal y como señalan desde la UPTA, los trámites administrativos para hacer uso de esta medida parecen estar encaminados –precisamente– a evitar que los autónomos se incorporen a ella. Haga la prueba y si tiene un gestor pregúntele por este tema y fíjese en la cara que pone: la cantidad de gestiones que tiene que hacer un ser humano para cobrar el IVA antes de abonarlo al Estado es de tal magnitud que ese mismo ser humano prefiere pagar el IVA de una factura que no ha cobrado. Eso sí, habrá quien dirá que el presidente del Gobierno ha mantenido su promesa, aunque sea más fácil ser presidente de Estados Unidos que solicitar adherirse a esa opción.

Ríanse con nosotros, amigos y amigas autónomos, porque esa opción sí es sencilla y todos y todas podemos adherirnos a ella.

Ya, hemos empezado fuerte. Nos hubiera gustado hacerlo con cifras, datos y un gran gráfico (o varios) pero la mejor opción es siempre la verdad (hay algunas excepciones pero ya decidirá usted cuáles son). Esperamos haberle dado una idea básica de a qué nos enfrentamos.

FESTIVAL DEL HUMOR AUTÓNOMO

No hay muchos chistes sobre autónomos, ni siquiera en eso somos afortunados. El más popular es aquel que habla de un tipo caminando por el desierto y que de repente se encuentra una lámpara. La frota y sale el genio: «Te concedo un deseo, ¿qué quieres?». «No ponerme nunca enfermo», le contesta el tipo. «Coño, hazte autónomo», replica el genio.

Estamos seguros de que este es un chiste autóctono, sin versiones internacionales porque –como veremos más adelante– lo de ser autónomo en España da para muchas risas mientras que en otros lugares de Europa (cruzando el charco la cosa es distinta, tal y como hemos visto antes con el ejemplo del empresario neoyorquino) es mucho más sencillo y –por supuesto– económico.
El primer paso para convertirse en autónomo es decidir que uno quiere serlo. O dicho de otra manera, llegar a la conclusión última: «No tengo más remedio».

La pasta

La actividad económica es –obviamente– la clave de todo. Si el rendimiento de nuestro trabajo está por debajo de los 7.000 euros al año no es necesario ponerse a pagar cuotas, especialmente porque al final del ejercicio nos quedaría prácticamente la mitad (y eso sin contar el pago trimestral del IVA, claro está). Esta cantidad puede ser trampeada, así que siga leyendo: como verá esto parece un espectáculo de David Copperfield, lleno de trucos, espejos y un buen montón de humo.

Así pues, lo primero es saber cuánto vamos a ganar. Es posible que no sepamos qué cantidad vamos a ingresar cuando empezamos a facturar pero en cuanto crucemos el umbral antes mencionado no hay tu tía: es obligatorio incorporarse al régimen de autónomos.

Esto es así si deseamos entrar en la legalidad pero, por supuesto –estamos en España–, hay multitud de artimañas y triquiñuelas para evitarnos pagos indeseados. Hablaremos de ello más adelante pero hay que tener en mente que con la moderna tecnología de datos cruzados y lo quisquillosa que se ha puesto Hacienda en los últimos lustros, los intentos por evadir el control del fisco pueden ser dolorosamente contraproducentes.

Ventajas

¿Qué significa ser autónomo? (seamos genéricos, aunque después entremos a especificar). Primero veamos algunas ventajas, que haberlas, haylas, aunque sean pocas y necesiten infinidad de matices.

1) Total flexibilidad. Esto es, si trabaja por cuenta propia será usted el responsable de diseñar sus propios horarios. Puede sonar muy bonito pero para ello hay que tener la capacidad y la disciplina adecuadas. Si es usted un desastre organizativo es probable que las pase canutas. Naturalmente, todo esto depende de su categoría de autónomo, es decir, de su profesión: no es lo mismo un transportista que un periodista.

2) Posibilidades de cambio constante. Muy en la línea anglosajona, donde los trabajadores no se empeñan en permanecer en la misma empresa toda la vida y más allá, el autónomo tiene la posibilidad de moverse, de adaptarse, de encajar en otros trabajos. En este país la idea del trabajo perpetuo está muy extendido (al igual que la de hipotecarse por creer que alquilar es perder dinero) así que una de las ventajas de ser autónomo es –en cierto modo– ayudar a retorcer los tópicos, aunque sea un poquito.

3) Persecución de un proyecto personal. El autónomo acostumbra a luchar por un ideario propio, por un proyecto de vida que va más allá de la idea de ir cada día al mismo sitio a hacer lo mismo. La flexibilidad de la que hablábamos forma parte de esa idea de que uno persigue algo distinto y que el trabajo no es una rutina a la que acudir sino algo que hacemos con gusto porque es lo que hemos escogido. Esa es la teoría, en la práctica hay pocas figuras tan vapuleadas (de modo financiero y también jurídico). Es muy curioso (hagamos un inciso) que estos días se haya empezado a hablar, tanto en la izquierda como en la derecha, de que en España es muy barato ser autónomo teniendo en cuenta las ventajas que proporciona, empezando por el acceso a determinadas prestaciones. Uno de los ejemplos que hemos oído es aquel que afirma que en Alemania «el autónomo paga 500 euros por acceder a esas prestaciones que en España cuestan la mitad». Solo recordar que el salario mínimo en Alemania es de casi 1.500 euros (a unos 9 euros la hora) mientras que en España es de unos 730 euros (a 4 la hora) y que tampoco son 500 euros, porque depende de cada caso. Cerramos inciso.

¿Y las desventajas?

1) Horarios infames. Decíamos unas líneas más arriba que se organiza usted los horarios y que por tanto puede disponer de su tiempo como le dé la gana. Lo cierto es que en la gran mayoría de las ocasiones el autónomo hace más horas que un reloj, sea cual sea su actividad profesional. Ya sabe lo que dicen, para el autónomo es siempre lunes, lo que viene a significar que por mucha disciplina que se tenga, siempre puede recibir llamadas intempestivas cualquier día de la semana. Apagar el móvil no se contempla y los correos se contestan inmediatamente. Mejor hágase a la idea y repítase: para un autónomo cada día es lunes.

2) La montaña rusa. Los autónomos (excepto los económicamente enclavados en la categoría de autónomos dependientes, que acostumbran a tener ingresos fijos) nunca saben cómo va a ir el año. Puede ser un periodo excepcional de grandes ganancias o un desastre apocalíptico. Es difícil navegar en esa incertidumbre, la de no saber qué va a entrar cada mes en nuestra cuenta corriente ni si vamos a poder atender todos los pagos (que esos sí, son fijos). Lo cual nos lleva a la siguiente categoría.

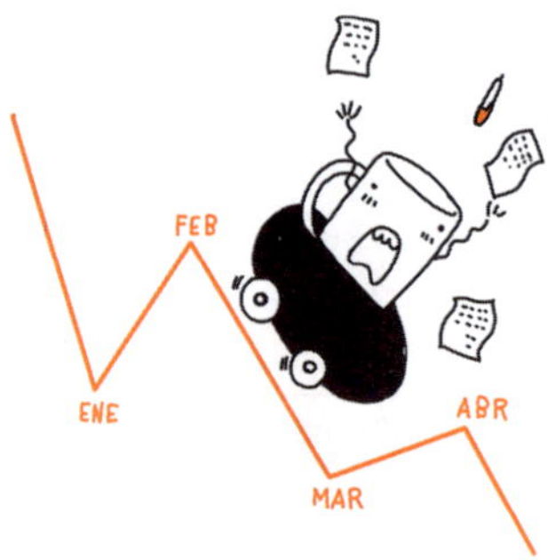

3) Cada factura un Vietnam. Decía Enric González hablando de periodismo (por cierto, una profesión cada vez más abocada a la figura del *freelance*) que cada mesa debía ser un Vietnam, reflejando la idea de que el periodismo es, por naturaleza, combativo. En el mundo de los autónomos cada factura es eso. Solo un trabajador por cuenta propia puede hablar durante horas del infierno de luchar por cada factura, cada pago, cada euro de gastos. En España (es difícil encontrar referentes en otros países occidentales) muchos departamentos de administración han decidido en los últimos años que en agosto no se pagan facturas.

No hay ninguna explicación racional para ello, lo único que se le dice al autónomo es: «Estamos de vacaciones». Obviamente, a este le siguen llegando facturas que pagar: el alquiler, el agua o el gas. Al banco no se le puede decir «estoy de vacaciones». Se puede intentar, pero la posibilidad de éxito se sitúa entre cero y nada. Así pues, el que decida (o se vea obligado) a pasar al régimen de autónomos, que tenga muy claro que va a dedicar mucho tiempo a intentar cobrar su trabajo y que la frustración puede llegar a ser abrumadora.

4) El futuro está nublado. La imposibilidad de conocer de antemano los ingresos (a menos que esté trabajando para una empresa que le asegure un cierto volumen de ingresos, algo que es cada vez menos común) le complica a uno las vacaciones y –sobre todo– la vida. Además, es mejor que se haga un plan de pensiones si realmente quiere dejar de trabajar (aunque también se dice que los autónomos trabajan hasta que se mueren) y disfrutar de una vejez relajada, pues las prestaciones que le dará su cuota mensual le servirán para ir al cine una vez al mes, siempre que no sea muy caro.

¿Qué hay que pagar? ¿Y dónde?

Los autónomos deben emitir facturas por sus servicios, es algo impepinable. Sería mucho más cómodo tener una nómina, pero ser autónomo –como hemos visto– tiene sus problemillas.

Vayamos por partes. Una vez decidido que no hay más narices que ser autónomo (y para poder emitir facturas) estos son los pasos que hay que seguir (cortesía de la web **www.serautonomo.net**):

Alta en el impuesto de actividades económicas (I.A.E.): es una tasa que grava el ejercicio de la actividad profesional. Clasifica las actividades empresariales y profesionales a través de un código que se llama **«epígrafe de la actividad»**. Se realiza en la Agencia Tributaria.

Alta Censal y opción del régimen fiscal: también se tramita en la Agencia Tributaria. Se debe completar el «impreso 036/037», en el que se opta por el régimen fiscal correspondiente, e indicar la actividad que se va a realizar y los datos de la empresa.

Afiliación en el Régimen Especial de Autónomos de la Seguridad Social: se realiza en la Tesorería General de la Seguridad Social (TGSS). Desde el alta censal, se dispone de un periodo de 30 días naturales para realizar la inscripción. Debe llevar el impreso 036/037, el DNI y el modelo TA0521 de alta en el Régimen Especial de Trabajadores Autónomos. Este último podrá cumplimentarse en la misma oficina.

No hay manera de acelerar este proceso o de saltárselo. Dicho de otra manera, cualquier autónomo debe cumplir estos requisitos para poder cotizar, y hay que cotizar para evitar que Hacienda entre a investigar tus cuentas como un elefante en una cacharrería.
El proceso es bastante rápido (va a ser usted un contribuyente en breve, así que no se preocupe, cuando se trata de pagar, las cosas suelen ir deprisa) y en unos días ya se puede arrancar la actividad económica deseada.

Es importante (muy importante) realizar estos trámites a la perfección ya que en nuestro país los errores se pagan con un interés que puede rondar el 12% (si el error lo cometen ellos, con un 2% compensatorio vas que te matas). Si tiene usted recursos contacte con un gestor, alguien que sepa lo que hace. Cuando uno empieza es bastante probable que no disponga de esos recursos así que debe saber que hay diversos organismos e instituciones que pueden ayudarle: los sindicatos ofrecen –normalmente– un servicio de asesoría jurídica o bien gratuito o bien bastante económico. No dude en recurrir a ellos, le ahorrarán muchos dolores de cabeza.

Esto es también aplicable al futuro. Piense que estará usted sujeto a un control férreo (aunque no lo note) que, por ejemplo, puede consistir en que si se olvida (o no es capaz) de pagar una de sus cuotas de, pongamos, 300 euros, recibirá al cabo de unos meses una carta de la Seguridad Social comunicándole que no solo debe abonar la cuota sino que debe hacerlo con un recargo de unos 40 euros. Si no lo hace, recibirá otra carta donde los 40 euros pasan a ser 60, y si sigue usted sin hacerlo los 60 serán 80, y además le embargarán esa cantidad de su cuenta corriente.

Así funciona la caja pública en este país. Nuevamente, si son ellos los que se han olvidado de pagarle algo a usted, el interés será de risa y tendrá que perseguirles sin tregua hasta que no le quede suela en los zapatos.

TIPOLOGÍA DE AUTONOMÍA

Ahora especifiquemos, empezando por los tipos de autónomo:

Trabajador autónomo.
Profesional autónomo.
Empresario autónomo.
Trabajador autónomo económicamente dependiente.

También hay autónomos agrarios, cosanguíneos (no es broma), etc. No vamos a ocuparnos de todos ellos, ya que necesitaríamos una enciclopedia, y pasaremos por encima de los empresarios autónomos porque profundizar requeriría de otro tomo.

El trabajador autónomo:

Este es un auténtico maná para el Estado, que concede (casi) nada a estos currantes y les exige *el oro y el moro*. Sin los tres millones de trabajadores autónomos españoles las arcas del país se vendrían abajo a cámara lenta, pero hablaremos de esto más adelante.

En este apéndice cotizan con usted (créaselo) artistas y deportistas. No solo los que está pensando (futbolistas con peinados raros y folclóricas) sino un marasmo de gentes del deporte y el espectáculo que probablemente tenga tantas dificultades como usted y como yo para llegar a fin de mes. Y en realidad muchos de los otros no cotizan aquí, sino que tienen empresas en paraísos fiscales y trescientos abogados que les cuentan cómo pagar menos. También los hay que no pagan, directamente. Pero centrémonos.

Sobre todo, aquí encontramos a aquellos que cotizan por actividades empresariales y, en muchas ocasiones, por módulos (IRPF en régimen de estimación objetiva, llamado). También da cobijo a taxistas, comerciantes o transportistas, y –no nos olvidemos– a personas dedicadas al ámbito de la construcción, donde el hacha (en forma de baja voluntaria) ha caído con fuerza desmesurada por culpa de la crisis. Al parecer más de 300.000 autónomos de este sector han dejado de serlo desde que comenzase la crisis. Dicho de otra forma: el Estado ha perdido a más de un cuarto de millón de estos cotizantes en apenas un lustro.

El *freelance* (también llamado profesional autónomo):

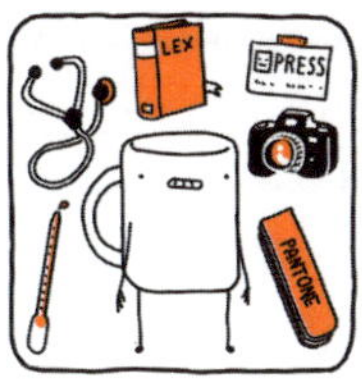

Aquí distinguimos dos grandes grupos, divididos entre los colegiados y los no colegiados. Los primeros (abogados, psicólogos, médicos, farmacéuticos, veterinarios) pueden o bien tributar a través de sus respectivos colegios profesionales (mutuas mediante) o directamente a la Seguridad Social como autónomos. En la segunda categoría entrarían diseñadores, publicistas, periodistas, maquilladores, pintores, etc.

Empresario autónomo:

A los integrantes de esta categoría se les suponen más posibilidades ya que cuentan con empleados. Además, acostumbran a crear sociedades que se benefician de mejores condiciones fiscales y que limitan su responsabilidad ante posibles problemas patrimoniales de la empresa.

Aunque algunos consideran a esta categoría de los autónomos una especie de élite bañada en éxito y champán, lo cierto es que la coyuntura económica desde 2008 ha hecho estragos en la comunidad de empresarios autónomos. Muchos han abandonado el sueño, otros se han largado en busca de pastos más verdes y muchos se las han visto y deseado para seguir trabajando.
De cualquier manera, y como decíamos, este colectivo se merecería otro libro completamente distinto.

Trabajadores autónomos económicamente dependientes:

Aquel que recibe como mínimo un 75% de sus ingresos de una única empresa y no puede tener trabajadores a su cargo. Eso sí, para acceder a esta categoría hay que firmar con la empresa en cuestión un trabajo específico.

Hagamos aquí un inciso (extenso) para hablar de nuevo de ese juego de manos que es la **tarifa plana**, que tiene numerosos seguidores y que cuando se escriben estas líneas parece haber despertado la euforia en determinados medios de comunicación.

La tarifa plana consiste en que algunos autónomos pueden ahora incorporarse al régimen con una cuota inicial de tan solo 50 euros (contra los 250 que se consideran la media habitual). La medida –naturalmente– tiene más limitaciones que un visado para entrar en Corea del Norte. Según esos medios de comunicación antes citados más de 200.000 autónomos se han acogido a esa tarifa, lo cual ha servido para que algunos saquen pecho y hablen del gran éxito del nuevo modelo. Por supuesto, y como ya hemos dicho antes, habrá que ver qué pasa después de esos seis primeros meses, cuando la tarifa salta de los 50 a los 131 euros, y tras los seis siguientes, cuando llega a los 184 euros. Pasado ese plazo, la cuota llegará a los 261,83 euros, que es la tarifa mínima.

Según cifras recientes, esta ha sido la única medida gubernamental que realmente ha ayudado al trabajador por cuenta propia. Es evidente que al mismo tiempo ha agudizado el ingenio de muchas empresas, que ahora obligan a sus empleados (en su mayoría jóvenes que optan a su primer puesto de trabajo) a pagar sus propias cuotas a la Seguridad Social, esto es, a que se hagan autónomos. Obviamente (hay que tener en cuenta que 9 de cada 10 jóvenes, autónomos o no, trabajan con un contrato temporal) muchos de estos contratos son para un mes, o para unos días, y están sujetos a condiciones leoninas. Así pues, y con sueldos que –recordemos– pueden llegar a rondar los 500 euros, la supervivencia de estos trabajadores es cuando menos complicada.

¿Qué se necesita para beneficiarse de esta tarifa plana? Como ya sabemos, aunque al principio el Gobierno tenía la intención de limitarla a los menores de 30 años, las protestas de diversas asociaciones de autónomos obligaron a dar marcha atrás y permitir su aplicación a cualquier nuevo autónomo, fuera cual fuera su edad.

¿Qué entendemos por nuevo autónomo? Pues aquel que lleve cinco años sin cotizar en el régimen correspondiente (cinco años sin estar de alta, vamos) y que no tenga o emplee trabajadores por cuenta ajena. Así pues, nadie que esté cotizando en estos momentos, por muy mal que vaya su actividad o difíciles sean sus cuentas, puede adherirse a esta iniciativa.

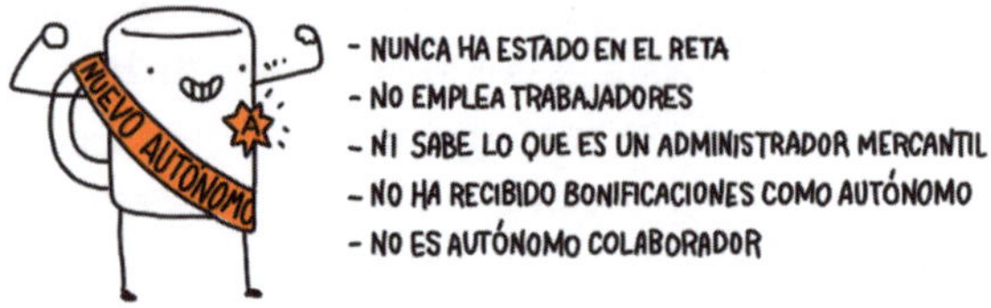

Además, la Tesorería de la Seguridad Social ha decidido complicarlo un poco más, añadiendo otros tres requisitos: 1) no ser administrador de una sociedad mercantil; 2) no haber recibido anteriormente una bonificación de la Seguridad Social como autónomo, aunque hayan pasado cinco años o más; 3) no figurar en la categoría de autónomo colaborador, que es aquella donde constan los familiares de autónomos, normalmente trabajando en empresas familiares.

Resumiendo: si usted ya es autónomo no puede optar a esta ayuda; si ha sido usted autónomo en los últimos cinco años no puede optar a esta ayuda; si es usted autónomo societario es muy probable (con contadas excepciones) que no pueda acceder a esta ayuda. Así pues, a pesar de la euforia inicial (algo muy habitual en nuestro país) las perspectivas a medio plazo pueden ser tan optimistas como las de la bajada del paro a final de verano, cuando el sector de la hostelería suelta lastre.

Retomemos, después del inciso, el tema de los trabajadores autónomos, con una definición de Wikipedia:

«En España, un trabajador autónomo (no confundir con empresario individual o empresario), es la persona física que realiza de forma habitual, personal y directa, una actividad económica a título lucrativo, sin sujeción a contrato de trabajo, y aunque eventualmente utilice el servicio remunerado de otras personas.
Se presupone la condición de trabajador autónomo si se ostenta la titularidad de un establecimiento abierto al público como propietario, usufructuario, arrendatario u otros conceptos análogos.

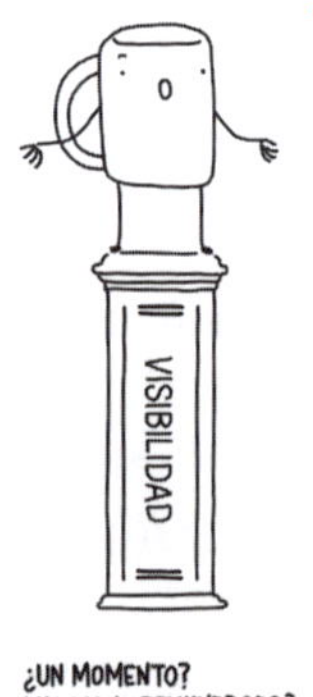

También se presupone la condición de trabajador autónomo si la persona es un teletrabajador que tiene clientes y que realiza una actividad remunerada (a pesar de que trabaje desde su domicilio), y si emite facturas formales por sus actividades como titular de una empresa unipersonal».

Frenemos un momento para sumergirnos en un aluvión de datos, que proceden de todo tipo de fuentes distintas, todas ellas oficiales, y que nos pueden dar una idea de lo que está sucediendo en el mercado de los autónomos (lo malo de que esto sea un libro de papel, más allá de su peso y de que haya tenido usted que comprarlo en lugar de bajárselo de algún sitio, es que las cifras aquí comentadas pueden sufrir variaciones dependiendo de los famosos mercados. Y todo parece apuntar, y ciñéndonos a la versión del ínclito Juan Rosell –patrón de los patrones, es decir, presidente de la CEOE– que las cifras irán a peor).

Empecemos por algo tan básico como saber cuántos autónomos había en 2007 (antes del inicio de la crisis) y cuántos hay ahora. Antes de empezar tenga en cuenta que en 2007 no había reducciones, y que por tanto todo el mundo era autónomo de tarifa plena (que no plana). Los autónomos del 2007 pagaban todos los meses la misma cuota, y su actividad no estaba condicionada por rebajas temporales. De los autónomos que vamos a marcar aquí, en 2014 (cuando se escribe este libro solo hay cifras del primer trimestre), es probable que unas cuantas decenas de miles se hayan esfumado cuando estas líneas vean la luz, precisamente porque su reducción ha terminado.

Veamos, 2007, cuarto trimestre. Datos del Ministerio de Empleo y Seguridad Social.

«A 31 de marzo de 2007 había 2.214.660 trabajadores autónomos propiamente dichos, inscritos en los diferentes regímenes por cuenta propia de la Seguridad Social, siendo el RETA el más numeroso de ellos.
Los varones representan el 68,9% y las mujeres el 31,1% del total. Estos porcentajes cambian cuando se tienen en cuenta otras variables:

• En los tramos de cotización más elevados, el porcentaje de varones supera el 80%.

• En Asturias y Galicia las mujeres son más del 40%, mientras que en la industria y la construcción no llegan al 20%. Más del 66% de los autónomos supera los 40 años de edad, aunque este porcentaje desciende al 50% entre los procedentes de otros países. En Andalucía y Murcia es mayor el peso de los jóvenes autónomos empleados en la construcción, situándose en el extremo contrario Castilla y León, Galicia, y los sectores agrícola e industrial. Los autónomos de nacionalidad diferente a la española representan el 5,6%, superándose este porcentaje en la construcción y entre los más jóvenes, en las comunidades insulares, Melilla, Comunidad Valenciana y Madrid. El 86,8% de los autónomos no supera la base mínima de cotización.

• Este porcentaje supera el 92% cuando la edad es inferior a los 50 años.

• A partir de los 50 años de edad, el 26,1% cotiza con una base superior a la mínima, hecho este relacionado con la proximidad a la edad de jubilación.

• El 9,9% tiene una base de cotización reducida, siendo superior este porcentaje en los autónomos con mayor antigüedad, los que trabajan en el sector agrario (62,1%) y por tanto en las comunidades con mayor peso de este sector.

• Tienen base mínima de cotización el 76,9% de los autónomos; este porcentaje se eleva en los extranjeros (95,6%), los que llevan menos tiempo inscritos (94%) y los empleados en la construcción y servicios (en torno al 85%)».

O sea. Muchos hombres, pocas mujeres. En tramos de cotización más elevados (mejor trabajo, se supone) las féminas solo suponen un 20% del total. Los varones, por pura matemática, son el otro 80%. De esto también podríamos hablar largo y tendido, de este desequilibrio, pero al igual que otros muchos temas sería materia para otro libro, en este caso: *Las autónomas*.

Nota: en Blackie Books sí hemos respetado la paridad: en este libro han participado tantos autónomos como autónomas. Incluso más *ellas* que *ellos*, por compensar el panorama.

Lo sabemos, las cifras asustan bastante. Pero prepárese, porque dice el ministro De Guindos que vienen «meses complicados». Ya sabe que cuando un político (y más un ministro) dice eso públicamente lo que realmente quiere decir es «CORRED, INSENSATOS». A nosotros nos parecería mejor que dijera esto último, pero seguramente los mercados no reaccionarían bien.

¿No sería bonito que dijera: «Amigos y amigas autónomos, id a comprar agua, ganchitos y gasolina porque todo esto va a parecer pronto el páramo de *Mad Max*»?

Capítulo 2

ANATOMÍA DE UN AUTÓNOMO

LOS DATOS

Los datos hablan por sí solos, aunque a veces haya que mirarlos con lupa: **el mayor auge de autónomos en este país se dio con la llegada del boom de la construcción**. Seguro que se acuerda: hasta el más pobre del vecindario encontró de repente la manera de hacerse una casa nueva y de comprarse un Porsche Cayenne (en un momento dado, hechos reales, España tenía más Cayenne matriculados que Dubái o Estados Unidos. No, no nos lo hemos inventado).

Los yeseros, marmolistas, obreros, albañiles, especialistas del pladur, fontaneros y demás oficios manuales empezaron de repente a trabajar más de veinticuatro horas al día, en un ejercicio de excelencia que ya quisieran para sí los obreros japoneses, esos que –según la leyenda urbana– hacen huelgas produciendo de más para castigar a sus jefes.

Se alzaban edificios, urbanizaciones, ciudades de las artes, ciudades de la cultura, ciudades de la justicia, rascacielos, chalés y viviendas adosadas. **Pero ya se sabe: todo lo que sube, baja**.

La burbuja

El final de la burbuja inmobiliaria (que según muchos políticos y expertos en economía de este país **no existía, y si existía era inocua**) mandó al paro a centenares de miles de autónomos (todos los que comentábamos antes y unos cuantos más) y destruyó el delicado balance que empujaba a nuestro país hacía los límites del estado del bienestar.

Como dijo alguien: «la crisis ya ha pasado, lo que estás viendo es la nueva normalidad».

NÚMERO DE EMPRESAS POR SECTORES

	TOTAL	Agrario	Industria	Construcción	Servicios
2006	1.386.157	7.860	144.624	241.477	992.182
2007	1.405.938	8.410	145.564	246.271	1.005.678
2008	1.332.090	8.407	138.180	202.313	983.176
2009	1.264.689	8.901	128.082	167.605	960.101
2010	1.240.847	9.034	122.984	152.562	956.267
Variación total en %	**-10,5%**	**14,9%**	**-15,0%**	**-36,8%**	**-3,6%**

Fuente: Ministerio de Trabajo e Inmigración

No hay duda de que nadie sufrió tanto los avatares de esa caída al abismo de la realidad como la comunidad de los autónomos. Jóvenes que habían abandonado sus estudios, emprendedores que apostaron todo su dinero a un número, profesionales de la construcción que se olvidaron del cuento de la cigarra y la hormiga, que cotizaban en el régimen de autónomos y que de repente vieron como la fuente se secaba.

Next, please

Las consecuencias son aún visibles: miles de compañías en concurso de acreedores, gigantescas inmobiliarias que ya son un (mal) recuerdo, urbanizaciones que nunca se acabaron en lugares en los que nadie en su sano juicio querría vivir y el comienzo de las temidas ejecuciones hipotecarias, por culpa de la caída de ingresos, que en muchos casos sucedieron de un día para otro, sin margen para cubrirse las vergüenzas.

No hace falta decir que la cobertura de un autónomo en tiempos de crisis es inexistente, así que es obvio quién recibió el mayor impacto, sin posibilidad de ayuda.

Sirva esta entradilla a modo de recordatorio, de advertencia ya formulada: si cualquier trabajador debería prever (en bonanza, se entiende, no en tiempos como los que nos ocupan) ese fondo de armario que ha de protegerle cuando las cosas vayan mal dadas, un autónomo (al que el Estado ofrece los servicios mínimos) debe hacerlo aún con más motivo, pensando que el futuro puede tener el rostro de Humungus, ya saben, el loco que perseguía a Mad Max.

LOS AUTÓNOMOS, PATA NEGRA

En este capítulo nos detendremos en diversas tipologías de autónomo, que deberían (si nos explicamos bien) ilustrar todos los campos de batalla a un trabajador que desee unirse al régimen en cuestión. Lo haremos a través de sus voces, que al fin y al cabo son las más autorizadas: ellos viven la realidad sobre el terreno, a veces empantanado, que nos ofrece España.

El novato (cómo arrancar)
El fotógrafo (el que se las sabe todas)
La ilustradora (sabe lo que se hace)
La empresaria (el que se arriesga)
El superautónomo (el que lo ha hecho todo)
La ingeniera (el Everest)
El homenajeado (30 años de odisea)

Seguro que si es usted autónomo sabrá muy bien en qué categoría encaja. Sea como sea, esperamos que le sirva como guía de comportamiento.

El novato

El *rookie* es el que más beneficios puede obtener si juega sus cartas como debe. Dando por supuesto que tenga usted claro que debe ser autónomo (ya sabe, sus facturas –las que usted va a emitir– superan los 7.000 euros anuales y no desea adherirse al apartado de este libro llamado «Trampas y trampitas») se impone una planificación meticulosa.

Hoy mismo se ha sabido [estas líneas se escriben a finales de agosto] que el 40% de los beneficiados por la tarifa plana (explicada en el capítulo anterior) acostumbran a darse de baja a los 10 meses de haberse acogido a ella, es decir **que cuando el autónomo «planero» pasa de pagar 50 euros a pagar el 50% de la tarifa total (unos 131 euros, euro arriba euro abajo) opta por rendirse**. La explicación es bastante sencilla, ya hemos expuesto antes el problema: algunos empresarios (no diremos si muchos o pocos por no entrar en polémica, pero son unos cuantos) exigen ahora a sus trabajadores que coticen en el régimen de autónomos para darles un trabajo. El sueldo, como no podía ser de otra manera, es bastante reducido (puede usted decir «mísero») y al autónomo le salen las cuentas con la tarifa plana hiperreducida (los primeros seis meses), pero se le empiezan a descuadrar en los seis siguientes y ya no hablemos de los que siguen, cuando las cosas se normalizan.

▶ Futuro de un *rookie*

Los novatos son el futuro, al igual que los becarios deberían serlo (aunque en España haya becarios de 50 años, una anomalía tan nuestra como el flamenco, la piratería o los domingos de fútbol) pero hay algunas cosas a tener en cuenta: «Nunca he sido autónoma y lo de la tarifa plana me vendrá muy bien. No tengo tan claro lo que sucederá cuando se me acabe, aunque creo que las mujeres tenemos otros 6 meses de bonificación posterior a los 18 ya regulados».

Nuestra novata se llama Alba G., 29 años, asalariada hasta principios del 2014. Su jefe decidió que era mejor despedirla que seguir pagándole un sueldo de medio pelo. Por suerte encontró otro trabajo como productora de una radio barcelonesa. Primer requisito: «Hazte autónoma».

Como veremos, este se ha convertido en uno de los *hits* de los últimos años: obligar al contratado a asumir sus propios gastos, privándole así de unos cuantos privilegios y –ya de paso– ahorrándose unos eurillos. A medida que esta práctica se extiende, la Tesorería de la Seguridad Social se reduce al ritmo del corazón de un elefante perseguido por una docena de guepardos.

Hoy hace cuatro meses que Alba es autónoma. Ha podido acogerse a la tarifa plana gracias a no haber cotizado nunca en ese régimen. En cuanto se acabe el periodo de gracia de seis meses que concede el Estado le tocará pagar un poco más. Luego un poco más. Y luego todo. Ya saben, ese momento en el que el Estado te mira a los ojos y te dice: «¿Qué?».

Alba cuenta que se hizo autónoma por uno de los motivos más recurrentes del profesional español por cuenta propia: «No tuve más remedio. Se me acabó el contrato en la empresa donde trabajaba, y me empezaron a salir trabajos puntuales donde tenía que presentar una factura». Por supuesto, a ella le gustan más las nóminas (como a todos y a todas, especialmente a los bancos, a las agencias que alquilan pisos, a las tiendas de electrodomésticos y a Ikea).

Punto y aparte: **llame usted, amigo autónomo, a una de esas empresas que se anuncian en televisión y que en cinco minutos le conceden un préstamo de hasta 15.000 euros para que haga lo que quiera con él**. Sobre todo no olvide decir que es autónomo, porque no importa la cantidad que pida, si es usted trabajador por cuenta propia la respuesta es «no». También puede ser que le pidan sus últimas cuatro declaraciones de IVA, sus dos últimas declaraciones de la renta, un aval y hasta su pasaporte, por el riesgo de fuga. Naturalmente, **el Estado no le ayudará en nada**, a ver si se ha creído que tiene que ir por ahí preocupándose por usted.

Pero sigamos con nuestra novata.

«Lo peor de ser autónomo es que nunca tienes nada asegurado. No sabes cuánto dinero ingresarás a finales de mes, ni si ingresarás algo el mes siguiente. Esto crea inestabilidad, pero a la vez te obliga a estar siempre alerta con posibles trabajos que vayan saliendo. En cierto modo te obliga a ser más creativo, dinámico y a no parar nunca. Porque no tienes opción a paro ni a bajas. Como es bien conocido, el autónomo es el trabajador que más desprotegido está. Lo mejor: eres tu propio jefe y no dependes de un ente superior ni eres un simple número».

Incertidumbres

Más adelante, en este mismo capítulo, hablamos de esa cosa tan terrible que es la incertidumbre. No saber si vas a tener más o menos trabajo, no poder planificar los gastos y los ingresos y –en general– vivir en una montaña rusa continua. Alba (como casi todos los autónomos, sean o no novatos, lo sabe): «He tenido que hacer verdaderos esfuerzos para organizarme. Soy una persona bastante desordenada y caótica, y siempre había tenido una nómina, peor o mejor, pero una nómina. Ahora tengo que organizar mi tiempo en función de lo que me va saliendo, y no rechazar ningún trabajo, porque nunca sabes con lo que te vas a encontrar. Además tengo que destinar parte de mi tiempo a la "contabilidad" (IVA, IRPF, pago de autónomos, facturación, etc.). Por suerte, de momento, no he tenido ningún contratiempo, así que cuando lleguen no sé muy bien cómo los afrontaré. No tengo un plan B».

Recuerde, un autónomo con solo un plan A es un autónomo en peligro.

El autónomo, igual que el rinoceronte, solo puede prosperar permaneciendo continuamente en marcha y prestando mucha atención a los cazadores furtivos. (Es usted listo, seguro que sabe quiénes son los cazadores furtivos en esta analogía).

Al menos, Alba es afortunada en un aspecto de su recién conseguida autonomía: «Por suerte no tengo que perseguir mucho a mis "clientes". Me pagan cuando toca. Una vez me pidieron pagarme al mes siguiente, y así lo hicieron. Pero sé de **gente** que no lo tiene tan fácil, y que sí **pierde mucho tiempo persiguiendo a los clientes para que paguen sus facturas**».

Efectivamente, el hecho de trabajar para un solo proveedor (o que tu facturación dependa mayormente de una empresa) facilita bastante las cosas. No tienes una nómina pero cobras cada mes: «Es muy habitual en los medios de comunicación. Trabajo para una emisora de radio subcontratada por una productora. Todos en el equipo somos autónomos y facturamos a finales de mes. Este sistema es prácticamente como tener una nómina».

La paradinha

Aquí también podríamos hacer una paradinha (ya saben, como esos futbolistas que hacen una pausa antes de lanzar el penalti) para reflexionar sobre la situación en los medios de comunicación, la entrada de las productoras en este ámbito (cobrando una barbaridad al proveedor y pagando lo mínimo al profesional) que muchos han promovido con eso tan en boga de «externalizar servicios». Seguro que conoce usted muchos ejemplos.

Por último, y en su condición de novata, esta periodista reclama algunos cambios (ya saben, clamar en el desierto): «deberíamos poder tener paro. Los autónomos cotizamos como cualquier otro empleado con nómina. Es injusto que no tengamos ese colchón cuando las cosas van mal. Deberíamos tener algún tipo de financiación si los clientes no pagan sus deudas».

Como ya hemos dicho antes, al Estado le importa un pito si usted cobra sus deudas o no. De hecho, según uno de los máximos representantes de los autónomos en este país, Lorenzo Amor, de la Asociación de Trabajadores Autónomos, el **plazo medio de pago de una institución pública en España es de unos cuatro meses y medio**. Dicho de otra forma: si ha trabajado usted para alguna institución pública y no han pasado como mínimo cuatro meses búsquese un sofá en el que sentarse. Uno bastante cómodo.

Naturalmente, todos hemos oído rumores de que se implementaría una ley de buenas prácticas que obligaría a todo el mundo a pagar en un máximo de 90 días, iniciativa que fue muy celebrada en algunos ámbitos. Lamentablemente, aquí somos muy de hacer la fiesta antes de ganar el premio, así que las instituciones siguen pagando cuando les da la gana.

Pregúntese esto: si en determinadas comunidades autónomas tardan nueve meses en pagarle a una farmacia, ¿cómo pretende que le paguen a usted en 90 días?

No, si al final va a resultar que somos muy egoístas, mira que querer cobrar en un plazo razonable...

RESUMEN

Estado: novato.
Ventajas: tarifa mejorada durante 18 meses. Más energía. Más paciencia.
Desventajas: solo se es novato durante 18 meses.
Puntuación en la escala de autonomía: un 7.

El fotógrafo

Si atendemos a la realidad no hay autónomos expertos. Puede que los haya experimentados o veteranos, pero nadie puede ser experto en una disciplina que cambia cada día y donde se cruzan elementos incontrolables, incluso para alguien que lleva cotizando más de una década. Los cambios en la ley (dependiendo del momento –más o menos cercano a las elecciones–, de la coyuntura económica o de que al ministro de turno le parezca que ha llegado el momento de atornillar a los autónomos un poquito más) convierten la planificación en un proceso de tintes pesadillescos. Sin embargo, es cierto que unos resuelven mejor que otros el jeroglífico que supone pertenecer al régimen de autónomos.

Xavier T. B. es un profesional que entraría en la categoría de veteranos: fotógrafo freelance, especialista en retratos, ha fotografiado a medio mundo y viajado por el otro medio durante quince años, con la cámara en ristre.

A sus 38 años, este fotógrafo puede presumir de buena memoria y de un conocimiento casi enciclopédico de la legislación: «Me hice autónomo en el año 2001. Según el último informe de la Tesorería General de la Seguridad Social del 12/8/2013 llevaba 4.595 días de autónomo. Si no recuerdo mal, en el año 2001, de cuota mensual a la Seguridad Social se pagaban unas 25.000-30.000 pesetas».

Si hacemos números, la cuota de autónomos ha subido un 85% en los últimos 15 años. Lamentablemente, no podemos decir lo mismo de los sueldos. Xavier recuerda sus inicios: «En mi caso me hice autónomo para desarrollar mi trabajo de forma regularizada, porque muchos clientes me pedían facturas con IVA e IRPF y no había otro modo. Supongo que el hecho de hacerse autónomo es casi una cuestión de carácter. Anima la posibilidad de trabajar para varios clientes y de no casarse con nadie, dando siempre el máximo profesionalmente. Me acuerdo de que cuando me hice autónomo, el director de una asociación de fotógrafos a la que pertenezco me dijo: "¡Muy bien! Hay muchos que no pagan autónomos por la precariedad e irregularidad en los trabajos". Y estábamos en 2001».

Es bastante obvio que lo de ser autónomo nunca ha sido un chollo.

▶ La historia de los autónomoZZZZZZ

Hagamos aquí una parada técnica para saber un poco más de la historia de los autónomos en este país (es curiosa –como veremos a lo largo de todo este libro– la épica que utilizan los distintos gobiernos para vendernos sus respectivas mejoras).

Cortesía de la página www.foross.org, este texto, que aun siendo técnico vale la pena para comprender de dónde venimos y a dónde vamos:

«Con la promulgación de la Orden de 30 de mayo de 1962 se había producido: a) la incorporación de los trabajadores autónomos a la previsión social; b) la creación de un régimen especial de facto para los mismos, sin mención legal pero realmente especial. Un año y medio después de la Orden de 30 de mayo de 1962 se promulgó la LBSS (Ley de Bases de la Seguridad Social). Había llegado "el momento de operar el tránsito de un conjunto de seguros sociales a un sistema de Seguridad Social", caracterizado, entre otras notas, por "generalizar la protección a la población activa en su conjunto". Sobre este último factor la propia ley expresamente es consciente de que "al estructurar un sistema de Seguridad Social, la Ley amplía su campo de aplicación, en el que quedarán encuadrados todos los españoles [...] cualquiera que sea su actividad profesional", y se confirma "la extensión de la Seguridad Social a los trabajadores por cuenta propia o autónomos y vitaliza y ordena de este modo las manifestaciones protectoras nacidas en los últimos años a su favor". De conformidad con los anteriores criterios de la exposición de motivos, la Base segunda [apartado 5.b)] incluye dentro del campo de aplicación del sistema de la Seguridad Social a los "trabajadores por cuenta propia o autónomos, sean o no titulares de empresas individuales o familiares, mayores de dieciocho años, que figuren integrados como tales en la entidad sindical a la que corresponda el encuadramiento de su actividad y reúnan los requisitos que de modo expreso se determinen". Tomada la decisión de incluir a los trabajadores autónomos dentro del campo de aplicación de la Seguridad Social faltaba determinar la fórmula técnica para hacerla efectiva. Básicamente había dos opciones: integrarlos de igual modo que se incluía a los sujetos tradicionalmente protegidos, los trabajadores por cuenta ajena, o establecer unas reglas distintas para los trabajadores por cuenta propia. Esta segunda sería la opción tomada al configurarse un régimen especial de "trabajadores por cuenta propia o autónomos", uno más de los previstos para "aquellas actividades profesionales en que por su naturaleza, sus peculiares condiciones de tiempo y lugar o por la índole de sus procesos productivos se hiciere preciso" establecer un régimen especial "para la adecuada aplicación de los beneficios de la Seguridad Social" [base tercera, apartado 10.f)].

La LSS 1966 recogería el contenido de las bases incluyendo a los autónomos dentro de su campo de aplicación [art. 7.b)], estructurando el sistema de la Seguridad Social a partir de un régimen especial y varios especiales (art. 9) y, en fin, previendo el establecimiento de un régimen especial para los trabajadores autónomos [art. 10.2.c)]. Al tiempo de su constitución se ordenaba su regulación reglamentaria (art. 10.5), con sujeción al título I de la Ley y al principio de tendencia hacia la "máxima homogeneidad posible con los principios del Régimen General" (art. 10.6). La regulación reglamentaria llegaría con el Decreto 2530/1970, de 20 de agosto (DRETA), desarrollado por la Orden de 24 de septiembre de 1970 (ORETA). De este modo a la altura de 1970 teníamos configurado el Régimen Especial de Trabajadores Autónomos, regulado, en este orden, por el título I de la LSS 1966, el DRETA y la ORETA.

La regulación del régimen especial debía efectuarse con la "máxima homogeneidad posible" con el régimen general (art. 10.6 LSS 1966). Parece que tales condiciones de "posibilidad" no existieron, pues en un somero examen pueden apreciarse las siguientes divergencias del RETA con el régimen general:

• No se distingue entre contingencias comunes y profesionales. No hay, por tanto, un concepto de accidente de trabajo distinto del común, ni de enfermedad profesional distinta de la no laboral, merecedores de un trato privilegiado. • No se protege el desempleo. • Se excluyen las prestaciones de incapacidad laboral transitoria, invalidez provisional e incapacidad permanente parcial. • Se restringen enormemente las prestaciones de asistencia sanitaria, pues como tal se limita a los pensionistas del régimen especial. Para los trabajadores autónomos en activo se prevé exclusivamente una "ayuda económica con ocasión de intervención quirúrgica" o protección de la familia, reducidas a asignaciones por contraer matrimonio y por nacimiento de cada hijo.

Este cuadro revela, como se escribió en la época, "una deficiencia de protección [...] que debe ser corregida tomando como plano de referencia la del régimen general" . A la luz de todo lo anterior podría concluirse que lo logrado en un primer momento con el RETA fue, fundamentalmente, un seguro de pensiones, en el que, pese a su obligatoriedad, el beneficiario podía determinar libremente su aportación en virtud del sistema de cotización con libre elección de base (arts. 24 a 26 ORETA)».

Nota: leer este texto no va a hacerle sentir mejor, e incluso es posible que sufra un ataque de ansiedad o algo peor, pero al menos mientras se debate entre la vida y la muerte (es un decir) podrá consolarse con lo bien informado que está.

AUTÓNOMOS EN LA HISTORIA

PREHISTORIA

¿Y ESTO LO FACTURAS POR HORAS
O POR METROS CUADRADOS?

ANTIGUO EGIPTO

¡TODO EL DÍA DELANTE DE LA TABLILLA!
¡LA VIDA ES MÁS QUE TABLILLA, TABLILLA, TABLILLA!

ROMA

¡VAMOS, COMPAÑEROS... A COBRAR FACTURAS!
-¡AVE, **ESPARTAZO**!!!

DESCUBRIMIENTO DE AMÉRICA

EL ORO ME LO LLEVO, SÍ. PERO IGUALMENTE
ME HACES FACTURA QUE EL **IVA** ME LO DEDUZCO

LEJANO OESTE

¿ME ARREPIENTO DE HABER EMPEZADO
ESTA AVENTURA? NO. ¡SI SOY MI PROPIO JEFE!

ACTUALIDAD

¿BIEBER, EH? TIENE VD. QUE DARSE DE ALTA
EN EL **EPÍGRAFE** "CANTANTES"

Es usted un espantapájaros

Dicho de otra manera, hasta 1978 y con la llegada de la Constitución, el autónomo era como un espantapájaros en medio de la autopista. Si bien es cierto que los arreglos posteriores y la homogeneización con el régimen general mejoraron las condiciones de los espantapájaros, también lo es que al s.XXI se ha llegado con un 21%* aplicable a todas las facturas emitidas, con lo que una quinta parte del trabajo del autónomo se va directo al Estado, además de las cuotas, obviamente.

Dejemos que lo diga nuestro fotógrafo:

«**El sistema de autónomos español está muy mal montado**. El autónomo es un trabajador por cuenta propia que genera trabajo y que incluso puede dar trabajo a más gente. Si a ese autónomo lo hinchas a pagar impuestos (¡ojo! La Seguridad Social es uno de los pilares de esta sociedad a pesar de los recortes y patrañas que se están haciendo) y el Estado se lleva un 21% de su actividad pues lo que haces es contraerlo y en consecuencia hacer que cueste mucho más generar más puestos de trabajo. **Creo que si el Estado ayudara más al autónomo se generarían sinergias laborales que contribuirían a que disminuyera el número de desocupados**. También el derecho al paro tendría que estar contemplado en algún sitio, y otro tema es el de la compensación por baja laboral que, si no voy errado, es de 16 euros por día de baja. **Se dice que los autónomos son el motor de esta sociedad,pero no se les facilita la vida mucho**, a decir verdad».

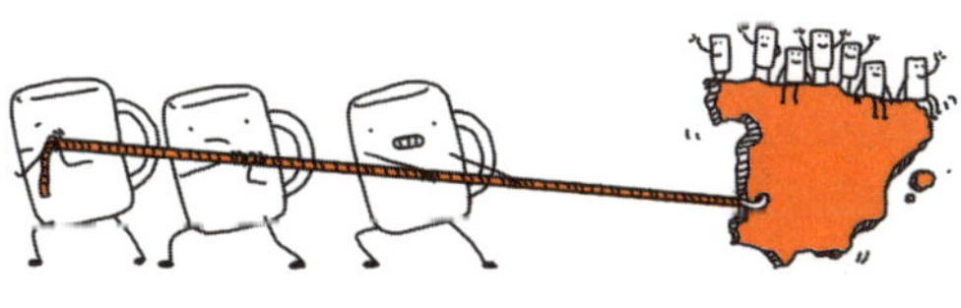

En verdad la relación del Estado con los autónomos es conflictiva. Lo último ha sido esa cacareada bajada de impuestos que llevaba el IVA del 21 al 16%. Esto sería perfecto si no fuera porque ese IVA antes era del

* Aquí puede que haya habido novedades. Consulta el colofón del libro, en la última página.

15% (el cambio se produjo en 2012) y si no afectara tan solo a las rentas que se encuentran por debajo de los 18.000 euros, una cifra complicada (por baja) para cualquier autónomo que aspire a ganarse la vida dignamente. Tenga en cuenta el lector asalariado (alguno quedará por ahí fuera) que un autónomo paga unos 3.000 euros de cuotas.

Para Xavier, **la fórmula** para tratar de sobrevivir en esta jungla **es suficientemente cristalina**: «Para los altibajos de la profesión me organizo de forma que cuando la cosa va bien intento ahorrar. Una parte de las ganancias la dedico a la inversión en nuevos materiales para la profesión, y otra parte más generosa al ahorro. Así cuando viene una época mala (en mi caso, y creo que en el de muchos, es enero y agosto) se pueden afrontar los pagos y las necesidades básicas (alquiler, luz, agua, gas, comida…). Y los impuestos, ¡cómo no!».

Como fotógrafo veterano también recuerda lo peor de lo peor, el gran virus de los autónomos (sean del tipo que sean): el cobro de las facturas (*again*) y una ley de la que hablaremos a continuación.

▶ Las pu*as facturas

«Lo de **perseguir al pagador de las facturas es algo que en estos últimos años se ha acentuado mucho**. Recuerdo que cuando empecé normalmente no tenía problemas, pero con el paso del tiempo y seguro que con la precariedad laboral que hay hoy en día, se ha acentuado. Supongo que depende de la seriedad del cliente y si el cliente te exige entregar el trabajo y tú lo entregas a tiempo y profesionalmente, lo mismo podrías exigir tú cuando te pagan. **Debería haber unas fecha límite y unos vencimientos en los pagos para que el cliente no pudiera saltarse esa fecha, y que si se pasara hubiera una penalización o incremento por retraso**. Existe una ley que es un engaño como una catedral y que solo sirve para determinados autónomos, que se llama **"criterio de caja"**. Se supone que a un cliente le puedes decir que te acoges al criterio de caja para que te paguen como máximo a los 30 días tus facturas. El cliente te puede decir "ok, te pago en esos 30 días pero como a mí los proveedores me pagan en 60 o 90 días me haces ir mal. Si tu manera de funcionar es esa ya llamaré a otro que sea más flexible y no me imponga ese criterio de caja". En fin, una ley-trampa en mi opinión».

El régimen especial de criterio de caja

Otro de esos inventos de titiritero que es tan complejo como despedir a un autónomo (basta con dejar de llamarle), y del que ya hablamos en el capítulo anterior. Veámosla (cortesía de *Expansión*):

«El RECC consiste en un criterio de caja doble, es decir, el empresario acogido al RECC verá retrasado el devengo del impuesto y, con ello, la declaración e ingreso del IVA que el empresario repercuta a sus clientes hasta el momento del cobro ("no pagará el IVA hasta que cobre"). Igualmente, el empresario verá retrasada la posibilidad de deducir el IVA que soporte en sus adquisiciones hasta el momento en que efectúe el pago a sus proveedores ("no podrá deducirse el IVA soportado hasta que pague la factura"). En ambos casos existe un límite temporal: el empresario deberá ingresar el IVA repercutido o podrá deducirse el IVA soportado, correspondiente al precio no cobrado o no pagado, total o parcialmente, el 31 de diciembre del año siguiente a aquel en el que se realizó la operación».

REPETIMOS

Dicho de otra manera: el autónomo puede comunicar al empresario que quiere acogerse al Régimen especial de criterio de caja para acelerar el pago del IVA. El empresario puede decir que sí, cumplir y nunca más llamar al autónomo. También puede decir que no y hacer que las cosas sigan como estaban. De cualquier modo, para muchos autónomos (no todos pueden acogerse al RECC) esta ley es solo un parche que no sirve para evitar las increíbles demoras que acostumbran a producirse en los pagos. Estas demoras incluyen, por supuesto, a infinidad de organismos públicos, grandes deudores que incumplen sistemáticamente la ley que les obliga a satisfacer sus pagos en un máximo de 90 días (ya hemos hablado de ello, pero repitámoslo): **es una paradoja descomunal ver a la administración pública desobedecer los parámetros que ellos mismos se han impuesto, pero así es España**.

Para los autónomos veteranos como Xavier, la idea de trabajar para un solo proveedor (aunque sea en nómina) se antoja suicida. Hay que pensar que **a veces el autónomo no se hace sino que nace**: «En mi caso ha venido más o menos rodado esto de ser autónomo. Creo que lo lleva la profesión. Recuerdo que cuando empecé a trabajar en las editoriales y diarios todavía había fotógrafos en plantilla y que se empezaba a trabajar con fotógrafos autónomos a los que tenían en exclusiva. Les daban mucha cantidad de trabajo pero no les hacían ningún seguro. Así que tenían que ser autónomos por si les pasaba algo durante su trabajo. Nunca me han ofrecido una nómina pero sí una colaboración asidua transformada en un pago fijo al mes por una cantidad de trabajo mínimo (algo parecido a una nómina…)».

También le hemos preguntado por lo peor de ser autónomo:

«La peor parte de ser autónomo son los retrasos en los pagos, la incertidumbre de si un día te van a dejar de llamar, la poca protección laboral que tenemos, estar pendiente de las fechas de pago de impuestos y que si por lo que sea no llegas te venga una multa. Supongo que lo que más o menos les pasa a todos. **La mejor parte de ser autónomo es el hecho de poder afrontar trabajos variados y diversos, nunca monótonos,** y si trabajas para varios clientes que tocan varios palos, siempre es un reto dar un buen resultado profesional y que el cliente quede contento para volver a trabajar juntos en otra ocasión. Otra cuestión, creo que la más importante, es que te guste tu trabajo y que te lo pases bien haciéndolo; en mi caso es así. Creo que lo más difícil en el día a día del autónomo es sobre todo no despistarse ni relajarse mucho. Esto por un lado te obliga a estar muy activo pero por otro también te hace trabajar en momentos en los que la gente asalariada dispone de tiempo libre. Si no te organizas un poco puedes ser un esclavo total de tu trabajo, un *workaholic*. Hay que saber encontrar espacios para disfrutar de la vida privada, el ocio, las amistades…».

EL CONSEJO: ¡Organizarse un poco la vida es básico! A pesar de la posibilidad de que los planes se caigan de un minuto a otro.

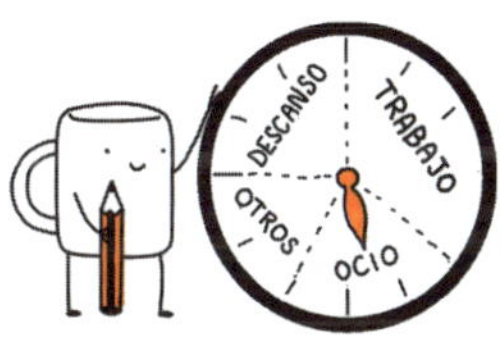

RESUMEN

Estado: fotógrafo.
Ventajas: la libertad. Los clientes. La facilidad para cambiar de registro.
Desventajas: la mala hostia que le entra a uno. Los baches financieros.
Puntuación: 8.

La ilustradora

Aitana es autónoma. También. En su caso se dedica a la ilustración. La hemos puesto bajo el epígrafe de ilustradora pero deberíamos haber puesto «todoterreno» porque entrevistándola para este libro descubrimos que sabe muy bien lo que se hace.

Todos conocemos a un autónomo como Aitana: siempre listo para las tempestades, previsor, apañado (apañada en este caso) y con una mentalidad perfecta para los vaivenes del Régimen Especial de Trabajador Autónomo.

Si todos los autónomos fueran como ella seguramente el país funcionaría de forma distinta. Aunque, ¿quién sabe?, puede que decidieran que todo nos va demasiado bien y resolvieran hacer algún nuevo cambio (a peor, obviamente).

▶ Lo mejor y lo peor (busque un bolígrafo)

Aitana nos ofrece sus propias conclusiones sobre lo peor y lo mejor de ser autónomo. Como este libro va de nosotros (los autónomos) y de nosotras (las autónomas) les dejamos con sus impresiones:

La **peor parte** de ser autónomo es:

- **No poder hacer planes de futuro porque, aunque trabaje, nunca sé cuándo me van a pagar las facturas que emito** (suelen pagarse con muchísimo retraso y ni siquiera es un retraso regular), así que, aunque tenga dinero suficiente, casi nunca planeo viajes ni hago grandes gastos porque no sé cuánto tiempo voy a tener que alargarlo. Tengo la sensación de tener que ahorrar siempre.

• Tener que **trabajar el doble de lo normal** (si me es posible, ya que lo normal para mí es trabajar más de 8 horas al día y más de 5 días a la semana) durante un mes para ganar el doble y poder irme de vacaciones, o comprarme una cama o un ordenador para trabajar o una silla nueva para que no me duela tanto la espalda, o pagar una fianza de alquiler si me quiero mudar, etcétera.

• No poder coger la baja médica y **tener que trabajar cuando estoy enferma** porque nadie me va a compensar esos días de reposo y porque a veces tengo fechas de entrega inamovibles.

• Tener que hacer jornadas de trabajo maratonianas (hasta 16 horas al día) para ganar un **sueldo que casi siempre está por debajo del de un mileurista** (incluso por debajo del salario mínimo interprofesional), dado que mi profesión en particular no está bien remunerada.

• **Tener que trabajar los fines de semana y los festivos** en muchísimas ocasiones.

• **Tener el trabajo dentro de casa**, porque supone en muchos casos no dejar de trabajar casi nunca. (Esto es un pro y un contra, como se verá el apartado de la mejor parte de ser autónomo).

• **No tener derecho al paro: aunque se supone que, pagando una cuota superior, sí que lo tengo.** Sin embargo, dadas las circunstancias específicas de mi situación, los propios trabajadores de la Seguridad Social me han aconsejado en distintas ocasiones que no pague más porque luego no voy a tener derecho a paro autónomo a pesar de haber pagado por ello. **Hablamos de ello en nuestra Guía práctica.**

• Debido a los años que he estado sin regularizar mi situación y siendo autónomo intermitente, **no haber cotizado durante periodos de tiempo pese a haber trabajado**, lo que repercutirá sin duda en la edad de mi jubilación, si es que esta es posible algún día.

La mejor parte de ser autónomo es:

• **Ser tu propio jefe**, sobre todo por el hecho de poder decir que no a algunos trabajos o a algunos clientes o a algunas condiciones laborales.

• En mi caso, **poder trabajar** en casa (**en pijama**, con música, con la radio puesta...).

• Poder **organizar mi tiempo** a mi gusto o **según mis necesidades** (por ejemplo, poder trabajar el doble hoy para tener libre el día de mañana, o poder trabajar de noche si de día hace calor o hay mucho ruido, o trabajar muchísimo para poder luego dedicar mi tiempo a proyectos personales que no van a ser remunerados hasta encontrar quien los compre, etcétera).

Tampoco nos podemos resistir (perdónanos Aitana) a citar algunos ejemplos de algo que comentamos en este mismo libro: cada factura un Vietnam.

Las p*tas facturas (bis)

Los casos más extremos en mi persecución de facturas:

• Llamar personalmente a mi cliente (unos 5 meses después de emitir la factura) para reclamar el pago y, en vista de que no estaba nunca disponible para mí, presentarme a la secretaria como otra persona (inventándome un nombre) para que me atendiera y amenazar con denunciar al día siguiente (día en que al fin me pagaron).

• **Cobrar, por norma, las facturas emitidas a un cliente 6 meses tarde** (con el consiguiente lío a la hora de hacer la declaración de la renta). Actualmente estoy esperando que me paguen una factura de abril de 2013.

• **Emití una factura en octubre de 2012 que todavía no he cobrado en su totalidad**. Tras perseguir, llamar, mandar mensajes de móvil y casi insultar abiertamente al cliente, accedió a pagarme en dos partes. La primera mitad me la pagó en diciembre de 2013. La segunda mitad todavía no se me ha pagado.

Y finalmente, algo que se oye en 9 de cada 10 entrevistas con autónomos, el ideal de nuestra ilustradora:

«El cambio más grande y fundamental que haría sería el de pagar una parte proporcional (un tanto por ciento) de lo facturado como tarifa de autónomo. Creo que de esta manera todo el mundo se haría autónomo y no habría tanta gente haciendo pequeñas trampas por necesidad o directamente engrosando la economía sumergida. También daría una opción real de paro para autónomos».

RESUMEN

Estado: ilustradora.
Ventajas: trabajar en pijama. Distribución de las horas al gusto del artista. Libertad creativa.
Desventajas: las facturas. La gestión de las facturas. El cobro de las facturas.
Puntuación: 7.

La empresaria autónoma

Sí, amigos y amigas, el autónomo empresario también existe y también las pasa canutas.

Mariela M. se hizo autónoma en el 2010. Hubiese querido hacerse autónoma muchos años antes, pero tuvo que esperar a tener la nacionalidad española, pues la residencia no era suficiente.

Esta artista/empresaria tiene un buen motivo para ser autónoma. Dos, mejor dicho:

«**Nunca quise estar en relación de dependencia**, o nunca supe cómo. Creo que mi trabajo es totalmente individual y artístico. Y es un emprendimiento personal como el de un pintor o un escultor. Ofrezco mi trabajo en mi propia tienda/galería en vez de a través de una galería de arte. El segundo motivo es que quería hacer las cosas bien. Porque quería cotizar y poder jubilarme algún día. Porque quería que me devolvieran las retenciones de IRPF al hacer la declaración de la renta (no la hacía porque no estaba de alta ni en Actividades Económicas en Hacienda ni en la Seguridad Social)».

Mariela abrió su tienda en el barrio barcelonés del Born hace unos años y ha seguido todos los pasos (legales) para trabajar en condiciones normales. Como les sucede a otros muchos empresarios autónomos, no le es fácil lidiar con la legislación española, la falta de ayudas o la presión fiscal.

«La peor parte es que, te vaya como te vaya, estás condenado a pagar una cuota altísima, como ya sabemos con muy malos servicios de vuelta a la comunidad. Además somos distintos tipos de autónomos y no se puede poner en el mismo nivel a una pequeña tienda que a grandes empresas que también son autónomas. Otra cosa que es muy difícil es tener un empleado y pagarle correctamente con todos sus derechos. Lo mejor, no lo sé. Yo no tengo otra opción».

▶ Empresario autónomo, ¿quo vadis?

Llegados hasta aquí, vale la pena citar al empresario **Julián Casas Luengo**, que opina que lo del empresario autónomo no existe: que eso es un autónomo con hombreras. Que **todos los autónomos somos empresarios**. El título del artículo no deja lugar a dudas: «¿Eres trabajador autónomo? Alguien te ha engañado».

«Veamos por qué defiendo que el empresario autónomo no existe. Solo voy a entrar en un par de puntos: riesgo y beneficios.
Riesgo. Si a un autónomo le va mal y tiene que abandonar la actividad, las deudas que tenga las paga él (y, además, es responsable con todos sus bienes). Si fuera un trabajador, se iría al desempleo sin más (y al FOGASA si hubiera alguna retribución pendiente).

Beneficios. Del mismo modo, si el negocio va bien, el autónomo puede ganar mucho dinero. Si fuera un trabajador, básicamente ganaría lo mismo aunque el negocio fuera de escándalo (quitando algún caso puntual)».

Difícil llevarle la contraria, ¿eh? Por eso decíamos que lo del empresario autónomo es mucho más complicado de lo que parece a primera vista. Bueno, ¿hay algo que no sea complicado en el mundo de los autónomos? Más bien no.

RESUMEN

Estado: empresaria autónoma.
Ventajas: control absoluto en la toma de decisiones. Compatibilidad con cualquier patrón de trabajo.
Desventajas: los problemas para tener un empleado. La carga de la pujante presión fiscal.
Puntuación: 8.

El superautónomo

Lo hemos encontrado después de buscar durante meses en el universo de los autónomos. Debía ser alguien parecido a un superhéroe, capaz de volar de trabajo en trabajo sin pararse nunca a descansar. Como un Superman sin Lois Lane, sin Daily Planet y sin capa, pero con el General Zod y Lex Luthor persiguiéndole por toda la galaxia. Dicho de otra manera, el Superautónomo es un tipo que lo ha hecho todo, visto todo, sufrido todo y que aun así sigue en pie.

Albert A. S. tiene 29 años. Es autónomo pero podría ser un forzudo del circo, un piloto de avión, un especialista en halterofilia o un panadero. De hecho, el tipo que se sienta a su lado en el metro y que estudia una enciclopedia británica también podría ser él.

Esto, amigos, es el *curriculum vitae* de **un superviviente** (otro sinónimo para autónomo) en el que un montón de lectores pueden verse reflejados. Todos/as aquellos/as que se buscan la vida como pueden en un país cuya inversión en la protección al emprendedor oscila entre cero y nada.

Experiencia profesional Albert A. S.

30/06-10/12
Oca Corporate Services
Actividad: *Consultoría en formación y certificación*
• Asesoramiento técnico en materia de formación y certificación en B2B.
• Seguimiento de clientes actuales, captación de nuevos clientes. Grandes cuentas.

6/12-10/12
Fútbol Club Barcelona – Moving Merchand
Actividad: *Gerencia y planificación de la FCBotiga Bus Offcial Store*
• Planificación del tour, comunicación, community management, negociación de ubicaciones, contratación y formación de personal, aprovisionamiento, control de stocks, control de almacén.

1/12-6/12
Vantage Group (Colaboración como autónomo)
Actividad: *Consultoría Estratégica*
• Asesoramiento externo a empresas, especialmente retail y gran consumo, planificación de marketing, comunicación, community management.

09/08-actual
Music Bus (Colaboración como autónomo)
Actividad: *Tour Manager junto a Mendetz y Verkeren*
• Gestión de giras y eventos patrocinados.
• Planificación y organización de rutas.
• Gestión económica.
• Producción artística / Producción logística.

12/03-actual
CANM-C Ski Club
Actividad: *Entrenador de esquí Alpino (Responsable Liga Catalana)*
• Planificación deportiva, dirección y asistencia de equipos de competición.

09/06-09/08
Reebok Sports Club Madrid
Actividad: *Club de Fitness*
• Comercial y Atención al cliente: Asesoramiento, captación, gestión y fidelización de clientes.

09/05-06/06
DIR – Fitness Clubs
Actividad: *Club de Fitness*
• Comercial y Atención al cliente.

Albert tiene mil historias que contar (más que un libro estaríamos hablando de una enciclopedia) pero hay una que nos interesa especialmente y que resume en pocas líneas toda la picaresca del español.

«En 2008 yo trabajaba haciendo revisiones del gas. Cada revisión me llevaba un buen rato y hacía seis o siete al día. Por supuesto, tenía que ser autónomo, el jefe cobraba por operaciones y, ya sabes: la política de "te pago por trabajo hecho". Trabajábamos para esta empresa que a su vez tenía un contrato en exclusiva con Gas Natural. Él nos llamaba, nos asignaba las revisiones, nosotros íbamos y las hacíamos y él se quedaba un tanto. Cuantas más operaciones, más grande era el *bonus* del jefe (un incentivo que le pagaban). Yo podía hacer siete revisiones al día pero él quería que hiciera doce, así que muy autónomo no era (en términos de independencia). Encima, yo tenía que pagar el alquiler de la maquinaria, una especie de *leasing* mensual, 130 euros al mes. Se lo decía al jefe y él me respondía: "cómpratela tú, cuesta 4.000 euros".

»Claro, el tipo era un genio. Mira los números: yo le pagaba sí o sí cada mes a él, así que ya ganaba dinero conmigo. Además se quedaba 2/3 partes de todo lo que pagaba Gas Natural. Las operaciones estaban en una media de 45 + IVA, aunque a veces eran menores, de 26 + IVA. **Hacíamos unas 10 operaciones al día, y para él trabajábamos siete operarios**. Haz números. Más los 130 que le pagábamos por el alquiler de la maquinaria, más el *bonus* que le daba Gas Natural si llegaba a un determinado número de revisiones. **Ah, y las llamadas para quedar con el cliente debíamos hacerlas desde nuestros propios teléfonos,** así que imagínate las facturas que nos llegaban.
Eso sí, yo me ganaba bien la vida hasta que tenía que hacer las declaraciones trimestrales de IVA».

Albert es un superautónomo con los problemas de cualquier autónomo (o de la gran mayoría de los autónomos): el fruto final del trabajo acaba siendo un espejismo después de pasar por las cortapisas de los gastos diarios y las declaraciones de IVA.

Las dolorosas diferencias

En otro capítulo de este libro **hablamos de las diferencias entre autónomos por países**, porque aunque no haya estudios al respecto (puramente comparativos) está claro que salimos muy mal parados en este asunto. Adelantemos algunos datos que después ampliaremos.

En el Reino Unido uno paga 12 libras al mes. No hay declaraciones de IVA. Todo lo que hay que pagar se paga en la declaración de la renta. Además, el autónomo puede optar a un préstamo cuando se registra (retornable, por supuesto) y hay ayudas para los autónomos sin trabajo. Ah, y uno puede darse de alta por Internet.

No pondremos más ejemplos de ello hasta el mencionado capítulo porque no queremos hacerle llorar, pero Francia y Alemania también nos adelantan en todo. Los muy ineptos creen que el autónomo es una figura clave y que el Estado debe abrazar a los emprendedores. Desde luego, estos europeos.

La cuestión, como explica Albert, es que la picaresca campa a sus anchas, hasta el punto de que uno acaba pagándole a su jefe el derecho a trabajar. Esto no es ninguna novedad, pero se ha acrecentado en los últimos años: periodistas, ilustradores y maquetistas pueden hablar con propiedad de cuántas ofertas han recibido en las que el pago prometido es la «visibilidad». Por supuesto, los jefes cobran en dinero.

Esto (la visibilidad) puede resultar tentador si uno es un novato, o simplemente empieza en su profesión, pero no una vez aposentado y en lidia con el marasmo de personas que intentan sacar la cabeza en un mundo hipercompetitivo. Por cierto, **cuando vayan a cobrarle el alquiler diga que en lugar de euros quiere pagar con visibilidad**. Seguro que en el banco no tienen ningún problema: son personas muy comprensivas.

RESUMEN

Estado: superhombre.
Ventajas: puede montar una silla de Ikea, dar un curso de esquí, servir dos copas y reparar una caldera mientras con la otra mano ejecuta un picado con un F-16.
Desventajas: la inestabilidad financiera y la imposibilidad de estructurar un plan de vida laboral.
Puntuación: 6.

La(s) ingeniera(s)

Luz y Beatriz son dos chicas jóvenes del noroeste de España. Una de ellas es ingeniera forestal y la otra ingeniera de montes, y lo que hicieron (a pesar de las perspectivas funestas que todo autónomo empieza a respirar una vez que se abre paso en el mundo real) fue crear una consultoría ambiental.

Lo sé, está usted pensando que la juventud se ha vuelto completamente loca: ¿a quién se le ocurre dedicarse a esas cosas ambientales a las que el actual Gobierno pone toda clase de trabas, como poner multas por tener placas solares ilegales en casa?

Pero, amigos y amigas, alguien tiene que hacer las mediciones de fincas, herencias, legalizaciones, y –sobre todo– dedicarse a las energías renovables, que a muchos les parecerán paparruchas pero que funcionan y son limpias (o más limpias que las tradicionales).

Luz, un nombre ciertamente compatible con las energías renovables, incide en la batalla diaria del autónomo. Esa que –amigo/a lector/a– le suena a usted extremadamente familiar: «Es complicado… realmente ser autónomo es algo muy difícil. **Si no pagas el día que toca, ¡patapum!, un 20% de recargo**. Como el día 1 no tengas el dinero te las cargas, pero bien».

«En nuestro caso, que empezamos un negocio, al principio todo es pagar, no te dan ningún periodo de carencia ni ninguna manera de ahorrar así que –en mi opinión– es un absoluto desastre.
Lo más difícil es que no tienes derecho a nada. **Si ahora mismo cierro el negocio no tengo derecho a nada. A nada. Si te pasa algo te cubren poquísimo, muchas veces ser autónomo es pagar para nada**. Lo ideal sería pagar autónomos según tu volumen de ingresos, y que hubiera un tiempo de carencia –unos meses– en los que pudieras trabajar sin abonar las cuotas. Y bueno, lo de la jubilación».

El milagro (alabado sea el Señor)

Pero, oh, milagro. Porque, sí, **hasta los autónomos pueden tener un día de suerte** y nuestras jóvenes heroínas lo tuvieron (no todo iban a ser desgracias en este libro) : «Nosotras tuvimos suerte y para empezar nos dieron un pequeño crédito y luego, porque éramos mujeres empresarias de menos de 30, nos dieron una ayuda de creación de empresas en Mujer emprende (el IMEGA). Ese crédito (de 12.000 euros) es a fondo perdido y claro, no te voy a engañar, eso nos ayudó muchísimo. De todas formas creo que tuvimos esta oportunidad porque somos una empresa muy novedosa».

Sin embargo, hubo otro problema con este par de autónomas sobradamente preparadas: «En nuestro primer año (cumplimos dos en septiembre de 2014) lo de ser chicas jóvenes ingenieras no nos salió demasiado bien, supongo que la gente no nos tomaba demasiado en serio. A veces cometíamos el error de explicar con demasiado detalle nuestro proyecto a los clientes y veíamos como estos se lo encargaban a otras personas con titulación inferior, hecho que te produce mucha frustración, y te desanimas un montón. Vas aprendiendo de los errores y ganando confianza hasta que al final aprendes a hacer las cosas de otra manera.

Así que decidimos cambiar y este año –menos mal– se ha dado un cambio bastante grande con el cual, a falta de tiempos mejores, al menos conseguimos cubrir gastos».

«La verdad es que lo de las jóvenes es difícil, ya se sabe que solo un 20% de las mujeres son autónomas y lo cierto es que nosotros no encontramos a nadie con una empresa similar a la nuestra. Es bastante jodido ser joven, mujer y autónoma».

Ya se sabe, lo de ser joven y buscar trabajo en nuestro país ya es una odisea. Ser joven y mujer y buscar trabajo en nuestro país es como buscar una aguja en un pajar en llamas. Y ser joven, mujer, autónoma y buscar trabajo en nuestro país es como si eres policía municipal y te envían a controlar el tráfico a la Antártida: una auténtica jodienda.

(Esto no lo dicen Luz y Beatriz, sino nosotros)

RESUMEN

Estado: ingeniería.
Ventajas: innovación, flexibilidad, buenas perspectivas de futuro.
Desventajas: jóvenes, mujeres y autónomas.
Puntuación: 8.
MILAGRO: subvención.

EL HOMENAJEADO

Jesús López es uno de esos currantes que han sudado tanto que es raro que no hayan acabado escurriéndose.
Jesús, un empresario cárnico cuya empresa funciona ahora la mar de bien (ya le hemos dicho antes que no todo iban a ser malas noticias) pero que durante más de 30 años ha tenido que luchar lo indecible para levantar su sueño en un país que un día de estos va a prohibir soñar a los autónomos porque eso gasta mucho.

Jesús López se merece un homenaje, ¿vale? Es la única información que necesitan saber de él.

Jesús empezó poco a poco, conduciendo, llevando cosas de aquí para allá, pasándolas canutas (casi) todo el rato y sabiendo que cada peldaño daba un poco más de vértigo que el anterior. Sin embargo, lo ha logrado. En su empresa (mayoritariamente familiar) todos son autónomos y lo han sido desde siempre. De hecho, son tan autónomos que si le preguntas a Jesús (o a alguno de sus tres hijos), nadie recuerda haberse puesto nunca enfermo.

Bueno, eso no es verdad del todo.

El autónomo que se puso enfermo

Hace unos años, Jesús López empezó a encontrarse mal. Su empresa empezaba a ir bien pero él empezaba a ir mal. Así que fue al médico: «Jesús, tienes la varicela».

Ya se sabe, la varicela, contagiosa y demás.
Sin embargo, los autónomos no se pueden poner enfermos: **si eres autónomo y no estás trabajando más vale que sea porque te están incinerando**.

Así que Jesús, con su varicela, su sudor y su furgoneta se puso en marcha, a llevar la carne de un lado a otro (no se preocupe, la carne estaba bien protegida) pero habiendo avisado a sus clientes de que tenía un mal contagioso, estos –generosos ellos– le prohibieron la entrada en las instalaciones respectivas, así que el buen Jesús (como una especie de samaritano enfermo) llegaba al sitio, dejaba la carne lejos de la entrada, en algún rincón acordado, saludaba con la mano (no hemos podido contrastar si le devolvían el saludo*), cogía la furgoneta y se iba.

Valgan estas líneas como homenaje a Jesús, que no pudo hablar con nosotros (porque según sus propias palabras «me explico mal y hablo muy rápido»), pero que recuerda perfectamente que lo de ser autónomo es una auténtica ~~putada~~ batalla.

RESUMEN

Estado: currando.
Ventajas: empresa propia, finanzas saneadas, selfies en bici.
Desventajas: lumbalgia, jaqueca, mala hostia.
Puntuación: 9.

* Saludar de lejos a un autónomo con varicela no tiene ningún peligro de contagio.

Capítulo 3

MANOS A LA OBRA

(consejos incluidos en el precio del libro).

UN AUTÓNOMO EN EL TÍBET

No hace falta que los autónomos sean monjes tibetanos, aunque no estaría mal fijarse en ellos (por la paciencia, más que nada). Lo que sí es necesario es que los autónomos naden a favor de la corriente, y eso significa tener una serie de constantes vitales que les permitan protegerse cuando las cosas no vayan bien (no hace falta que hagamos mención a la coyuntura actual, aunque ya se sabe que siempre habrá quien querrá vendernos que el país está a punto de superar a China y a la India en exportaciones –hechos reales, eso se ha dicho–), y haya que buscar un tejado bajo el que refugiarse del chaparrón.

Obviamente, no todos los autónomos son iguales. Algunos tienen ya una naturaleza cercana a la del notario, con tendencia a planificar hasta cuándo ir al baño. Otros, en cambio, son auténticos desastres andantes, incapaces de ahorrar, de prever o de relacionarse con otros, ya sean autónomos o no. Resta decir que todas estas capacidades son imprescindibles para cualquier autónomo que tenga intención de serlo por mucho tiempo.

De todo ello hablamos a continuación, en lo que pretende ser una guía de comportamiento que podría ser aplicable a cualquier trabajador, pero que es especialmente recomendable si uno está metido en el maravilloso mundo del régimen de autónomos.

Orden

Un periodista –que prefiere no ser citado y al que vamos a llamar Jorge–, decide que todo aquello que compra o consume le servirá para desgravar sus gastos. Así, cada vez que va a comer se queda con la cuenta, cuando va a Ikea conserva las facturas de las sillas y hasta los recibos de la gasolina, y naturalmente hace lo propio en el supermercado, con el alquiler de su casa o con los *friskies* del perro. Cada trimestre contabiliza los gastos y calcula la cantidad del IVA que ha de pagar a Hacienda. La cosa cuela durante más de dos años, hasta que un día llega a casa de Jorge uno de esos sobres con ventanilla negra que envía el Estado y que en el 99% de las ocasiones son malas noticias. En el sobre viene una carta en la que –básicamente– nuestro amado Ministerio de Hacienda dice haber detectado una serie de irregularidades. Las irregularidades ascienden a un total de 3.850 euros (recuerde, este no es un ejemplo inventado) ya que muchos de los gastos presentados para amortiguar los pagos de IVA no eran aceptables.

Jorge, asustado, decide recurrir a un abogado. Al cabo de unos días recibe otra carta. El importe reclamado sigue siendo el mismo pero se ofrece al periodista la posibilidad de un descuento por pronto pago, con el que la broma le saldría «tan solo» por unos 1.000 euros. Naturalmente, Jorge decide pagar a Hacienda y al abogado y olvidarse del tema. Su gestor le explica que no tiene tiempo de revisar cada factura que él presenta como gasto y así queda la cosa.

▶ Danger, danger

De esta bonita parábola se pueden extraer varias conclusiones, que desarrollaremos a continuación, así que no se vaya a ninguna parte:

Primero. No todos los gastos son deducibles.
Segundo. Los gastos –de cualquier tipo– no son deducibles sin el formato adecuado.
Tercero. No lo fíe todo a quien controla sus cuentas, procure estar informado de lo que indica la legislación. Ahorrará tiempo y dinero.
Cuarto. Intente no pelearse con Hacienda, le aseguramos que si quieren encontrarán un motivo para tocarle la moral.
Quinto. Guarde absolutamente todos los documentos que acreditan sus gastos (esto puede parecer una perogrullada pero no lo es).
Sexto. Tenga un abogado a mano, siempre le será útil.

Séptimo. Guarde dinero para imprevistos con papá Estado.
Octavo. No trate de hacer trampas a menos que sea usted una combinación entre Maquiavelo, Krugman y Rasputín.
Noveno. Tenga siempre a mano su NIF. Cualquier factura sin ese dato es papel mojado.
Décimo. Deje de ir a Ikea.

Primero. **No todos los gastos son deducibles.**

Cada categoría de autónomos tiene un abanico de gastos deducibles, infórmese de los que le corresponden. Un transportista puede deducir un buen número de gastos relacionados con su vehículo, gasolina y demás. Alguien que trabaje en casa puede hacer lo propio con su apartamento, y un pintor puede deducirse pagos por material. **Si es usted diseñador y presenta gastos por su furgoneta de reparto le van a mirar raro** y es casi seguro que recibirá una de esas cartas que tanto miedo dan.

Lo mismo sucederá si es usted periodista e intenta colar cada comida como si fuera un gasto relacionado con su profesión. Repetimos: infórmese bien, si dicen que la información es poder en este caso podemos decir que la información es vida (buena vida).

Gastos deducibles más habituales:

- Local u oficina, alquiler o vivienda propia.
- Vehículo y gastos asociados: gasolina, mantenimiento, seguro.
- Gastos de viaje y dietas: comidas, cenas, billetes de avión, taxis.
- Gastos de vestuario.

Segundo. Los gastos –de cualquier tipo– no son deducibles sin el formato adecuado.

Ya puede usted ir a comer al Bulli o al restaurante de Arzak y pedir luego la facturita, que por mucho que esta suba, la cosa es inservible si no incluye una serie de detalles, simples pero imprescindibles: su nombre y su NIF. No vale un papel en el que ponga la cantidad y su número de tarjeta de crédito: **necesita usted una factura con su NIF y su nombre**. Se lo repetimos: nombre y NIF.

Esta es una regla siempre aplicable, por eso, si va usted con un autónomo –experimentado– verá que siempre le entrega al proveedor (camarero, taxista o técnico del gas) una tarjeta en la que aparecen su nombre y su NIF. Si el gasto está contemplado en su categoría e incluye esos dos datos en la factura, ninguna inspección de Hacienda le va a hacer cosquillas.

Una pista: Hacienda hace un montón de inspecciones a tipos como usted y yo, y cuanto peor van las cosas más inspecciones hace. Tienen la convicción de que la gente hace más trampas que nunca (o de que al menos lo intenta) y –oiga– no les falta razón.

Tercero. No lo fíe todo a quien controla sus cuentas, procure estar informado de lo que indica la legislación. Ahorrará tiempo y dinero.

Esto puede parecer otra perogrullada, pero aunque está bien delegar **intente mantenerse al corriente de todo lo que acontece en materia legislativa** (ojo, este punto va para aquellos que pueden permitirse el lujo de trabajar con un gestor, los que controlan sus propias cuentas pueden saltárselo sin complejos). Hay muchísimos gestores fantásticos, también los hay que son más descuidados: no olvide que los descuidos de su gestor –si se producen– los va a pagar usted.

Adelántese, **entréguelo todo perfecto**, se ahorrará muchos disgustos.

TÚ GESTOR Y TÚ

Cuarto. Intente no pelearse con Hacienda, le aseguramos que si quieren encontrarán un motivo para tocarle la moral.

Simplemente, no lo haga. Piense que sus ordenadores son aproximadamente diez millones de veces más potentes que su portátil y que lo saben todo de usted. Una vez un sabio dijo que «cualquier ciudadano, en un momento de su vida, puede ser un delincuente a ojos del Estado». Básicamente, significa que nadie está libre de pecado. No, usted tampoco.

Quinto. Guarde absolutamente todos los documentos que acreditan sus gastos (esto puede parecer una perogrullada pero no lo es).

Llegado el caso de que usted y Hacienda se vean las caras (esperamos que no pase, pero recuerde el dicho **«esperemos lo mejor, preparémonos para lo peor»**) más le vale estar preparado. Imaginemos que lo ha hecho usted todo a la perfección pero que le exigen unos documentos que no tiene: ya la ha jodido.

Todo el sistema de justicia anglosajón (y el de España, aunque sea más dudoso) está basado en la máxima «no es lo que sabes, es lo que puedes probar», así que cualquier gasto que no pueda acreditar será inmediatamente descalificado y pasará a engrosar la lista del «debe». Cómprese unas carpetas, busque un lugar en el que no molesten y consérvelo todo. También puede escanearlo, por aquello de la *modernez*, pero recuerde que Hacienda siempre le pedirá los originales o, como mínimo, copias compulsadas.

Lo dicho: no tire nada, a menos que le perjudique. En ese caso deshágase de ello, el resultado será el mismo pero se evitará quedar como un gilipollas.

Para que tenga un control sobre lo que ingresa y lo que ha de pagar, existe algo llamado «libro de registro de facturas», que le será muy útil, créanos. Es un listado de todas las facturas emitidas por orden cronológico, y en el que tendrá a mano todos los datos relevantes (y que pudiera necesitar, llegado el temible momento):

- Número de factura: ya sabe, cada año se empieza de cero y se cuenta de una en una y hacia adelante.
- Fecha de emisión.
- Destinatario.
- Base imponible.
- Tipo de IVA e importe: cuánto paga y la cantidad que supone aplicado a esa factura en particular.
- Retención del IRPF: su aportación al Estado.

O sea, que tiene usted que llevar un registro de sus entradas y salidas. Hacienda podría solicitarle este libro en cualquier momento, el mismo que 9,9 de cada diez autónomos se pasa por el forro. Es bastante improbable que se lo pidan, pero recuerde que si lo hacen tiene obligación de entregarlo, algo que pasará -probablemente- si le revisan. Recuérdelo, por si acaso.

Sexto. Tenga un abogado a mano, siempre le será útil.

Muchos bufetes ofrecen ahora cobertura legal por precios bastante ajustados (e incluso tarifas planas). No vamos a hacerle publicidad a ninguno pero seguro que sabrá encontrarlos. Vamos, es usted autónomo, cada día es un reto.

Solo le advertimos de que en cualquier conflicto legal con Hacienda tener a un señor con corbata que sepa lo que se hace es muy importante.

Séptimo. **Guarde dinero para imprevistos con papá Estado.**

Sí, sabemos que a veces es imposible, pero inténtelo. Aunque sea poco. Piense que papá siempre tiene hambre.

Octavo. **No trate de hacer trampas a menos que sea usted una combinación entre Maquiavelo, Krugman y Rasputín.**

En este libro hay un apartado con trampas y trampitas. No aconsejamos usarlas pero ahí están. El nivel de control que el Estado tiene hoy sobre nuestras cuentas es algo nunca visto (cruce de datos, ministros quisquillosos, necesidad de *cash flow*, etc.) por lo que las trampas solo pueden hacerlas aquellos que mueven tanto capital que tienen fácil disimular 100 millones de euros en una facturación de 5.000. Si es usted de esos no sabemos qué coño hace leyendo este libro.

El caso es que las pequeñas trampitas siempre pueden colar si se hacen con discreción y de vez en cuando, pero si intenta usted trampear de forma sistemática los mecanismos de recaudación le pillarán tarde o temprano. Si llega ese momento no diga que no se lo advertimos.

Noveno. **Tenga siempre a mano su NIF. Cualquier factura sin ese dato es papel mojado.**

«Esto ya me lo han dicho antes», estará pensando. Efectivamente, ya se lo habíamos dicho, pero es tan importante que no nos importa repetirlo.

Décimo. **Deje de ir a Ikea.**

El autónomo no tiene tiempo para montar nada, oiga.

Disciplina

Para un autónomo, el reverso oscuro de la libertad es el caos. Eso quiere decir que puede usted disponer de su tiempo como le dé la gana (esto solo es verdad en el caso de los *freelances* y los autónomos con profesiones más liberales, es decir, gente como fotógrafos, publicistas, diseñadores, músicos, etc.). Esta libertad puede ser una bendición o una maldición, usted escoge. Ya sabe, uno se puede echar la siesta cada día o dos días a la semana, pero tenga siempre en cuenta que su productividad depende de sus actos.

Picasso decía (en esa frase tan recurrente): «la inspiración existe, pero tiene que encontrarte trabajando». Dios nos libre de compararle con Picasso, pero es bueno que tenga esa mentalidad: la de currar esperando que todo salga bien. Lo de la disciplina puede parecer una broma, pero incluso seres tan creativos como Steve Jobs, Ed Mullen (de Pixar) o Bill Gates han pasado toneladas de tiempo en sus respectivas cuevas, tratando de gritar su propio «eureka». No, tampoco le comparamos con ninguno de ellos, pero le invitamos a perseguir la misma gloria para después echarse las siestas que quiera.

(Nota: si alguna vez llega usted a esas cotas de éxito es bastante improbable que se eche nunca más una siesta, queda dicho).

Recuerde: la disciplina, el calendario, un buen método de trabajo y un horario que se adapte a sus necesidades le proporcionarán una vida mucho más fácil. Sabemos que es más sencillo escribir estas cosas en una página que ponerlas en práctica, pero también es difícil dejar de fumar y mucha gente lo ha conseguido: póngase a ello.

Ahorro

Como hemos visto anteriormente, la necesidad de guardar dinero para los tiempos duros es una de las constantes en las preocupaciones de cualquier autónomo, por la imposibilidad de planificar los años anticipadamente (en la mayoría de los casos una gran parte de los ingresos son ocasionales y muchos proyectos surgen sobre la marcha). Nuevamente, aquí debemos distinguir entre el trabajador autónomo, el profesional autónomo, el empresario autónomo y figuras como el trabajador autónomo económicamente dependiente (recordemos que el 75% de sus ingresos provienen de la misma fuente). Todos tienen distintas necesidades y estructuran su trabajo de forma distinta.

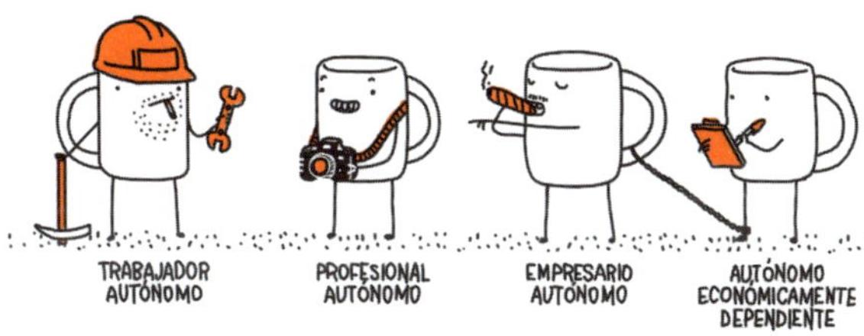

Algunos bancos ofrecen ventajas como «no pague las comisiones» y aunque parezca algo insignificante si ahorra usted 5 euros al mes al final de año podrá pagarse una cena. Le diríamos que una buena cena pero lo cierto es que a estas alturas no podemos asegurarle nada.

En Blackie Books (vamos a hacerle un poco de publicidad al responsable último de este libro) editan desde hace unos meses el Kakebo. El Kakebo es un libro japonés que sirve para llevar un control estricto de sus cuentas y gastos, y que le permite ponerse objetivos a corto y medio plazo. Dicho de otro modo, es un libro pensado para aprender a ahorrar. Si es usted autónomo, no debería pensárselo demasiado a la hora de adquirirlo. No va a salvarle la vida, pero puede ayudarle a planificar el futuro de un modo racional.

Recuerde, luche por cada comisión, reduzca al mínimo el límite de las tarjetas de crédito y exija siempre factura. En los momentos de bonanza (si los hay) reserve todo lo que pueda para esos momentos (la cuesta de enero puede durarle hasta marzo) en los que va a necesitar ayuda. Por supuesto, se aceptan *tuppers*, comidas en casa de los padres y cualquier medida que le ayude a ahorrar. Cada euro importa.

▶ Lucha y competencia

Esta es otra de esas cosas a las que uno se enfrenta cuando es autónomo: la lucha feroz que se establece con la competencia.
Esto es especialmente cierto en algunas profesiones y algo menos en otras. Seguramente habrá solidaridad en algún frente pero –seamos sinceros– es difícil encontrarla.

Un diseñador que trabaja para una agencia cobra a 200 euros el trabajillo. No es mucho pero le sirve para ir tirando, junto con otros encargos y proyectos. Un día le llaman de la agencia y le dicen que a partir de ese momento van a poder pagarle la mitad, y que si no acepta se buscarán a otro.
El diseñador (historia real, el protagonista no desea que su nombre sea público) decide investigar qué ha pasado y llama a un par de personas en las que confía dentro de esa agencia. Uno de ellos le dice que otro diseñador se ha pasado por allí a ofrecer sus servicios y que ha prometido trabajar por la mitad de la tarifa de su diseñador actual.

Seguro que a muchos de ustedes les suena esta historia, a cada uno en su sector y en diferentes circunstancias. Seguro que hasta cobrando en negro. Seguro que con cosas peores que reducir la tarifa a la mitad.

El problema –puro sentido común– es triple:

- Los empresarios con pocos escrúpulos que deciden sacrificar calidad para ahorrarse unos (pocos) euros.
- La entrada de jóvenes en el mercado de trabajo que necesitan ganarse la vida y que han comprobado en sus carnes lo duro que es llegar a alguna parte si no están dispuestos a cobrar una miseria.
- La famosa frase: «Hagamos más con menos».

David Simon, el famoso creador de la serie *The Wire*, decía que «lo de que hagamos más con menos es una auténtica chorrada. Si nos das menos, haremos menos y lo haremos peor: creo que es bastante obvio». Simon tiene razón y, sin embargo, esta política de austeridad y gasto mínimo que tanto entusiasma a algunos, ha impactado de lleno en el mundo autónomo: muchos se ven capaces de hacer el trabajo de otros sin ningún problema y cobrando la mitad. Algunos por necesidad, otros por dejadez, el caso es que el autónomo de a pie ha visto como en la última década su sueldo se ha reducido una barbaridad.

Un ejemplo: los periódicos –todos– cometen cada vez más errores inexplicables. Faltas de ortografía, de sintaxis, de concepto. Cuando uno se pregunta cómo medios de comunicación nacionales pueden llegar a ese nivel solo es necesario echar un vistazo a sus plantillas y ver de cuántos correctores han prescindido.

Por supuesto: las tiradas han bajado, cada vez menos gente compra el periódico, recientemente alguien en la portada de uno de los diarios más importantes de España confundió Irán con Irak. Los anuncios se parecen cada vez más, el servicio en muchos restaurantes es peor, la televisión es insufrible, en los cines el tipo encargado del proyector es el mismo que hace las palomitas, (tal vez por eso estas no valen nada y la película está desenfocada)… «Haced más con menos».

Prepárese para luchar en todos los sentidos de la palabra pero –por favor– nunca renuncie a sus principios. Intente mantener la competencia en términos legítimos: no deje de pedir lo que cree que es justo y no haga lo que no querría que le hicieran a usted. Ahora bien, si las cosas están jodidas, es usted autónomo: sálvese quien pueda.

(¿Qué esperaba que le dijéramos?)

▶ Manejar la incertidumbre

Una de las grandes habilidades del autónomo es su capacidad para afrontar problemas constantemente. Ojo, no es que el resto de los trabajadores se pase el día fumando y tomando carajillos, es simplemente que la propia naturaleza del trabajo autónomo es camaleónica: un día puede estar completamente arruinado, a la espera de que el móvil suene de una vez y al siguiente estar metido en un proyecto de meses que le salvará el año.

No vamos a recomendarle que vaya por ahí con una botella de vino y una caja de Trankimazin (aunque varios de los autónomos entrevistados para este libro afirman que funcionan) pero le recomendamos que encuentre usted un momento (o varios) para sí mismo y (esto le parecerá propio de un libro de autoayuda) que haga deporte. El autónomo es cabezón por naturaleza. Esto no lo sabemos porque hayamos hecho un estudio serio, pero estamos capacitados para decir que 18 de cada 20 autónomos tienen problemas de tozudez. Eso significa que una gran parte del día el cerebro está en ebullición y que hay que darle un descansito de vez en cuando.

Le recomendaríamos un baño de agua caliente, una copa de champán (o cava, que nadie se nos enfade) y un disco de Thelonius Monk, pero no sabemos si tiene usted bañera, presupuesto para alcohol o si le gusta el jazz. La mejor manera de desatascar la cabeza es hacerse unos kilómetros o levantar unas pesas. No tiene usted excusa, si no hay pasta para el gimnasio únase al colectivo *runner*. Lo acogerán con cariño porque, al fin y al cabo, ellos también son autónomos.

Lo que queremos decir es que intente no solo preparar su bolsillo para los malos tiempos, sino que haga lo propio con su cabeza. Tener la cabeza clara en tiempos convulsos es un bien incalculable: si consigue pensar con la misma calma en los buenos y en los malos momentos ya tiene la mitad del camino hecho. Créanos, lo hemos comprobado.

▶ Sociabilidad

Cuando hablamos de sociabilidad no hablamos de redes sociales, que también, sino de algo que parece haberse perdido en los últimos años porque estamos muy ocupados enviando correos: el contacto humano. Ya sabe usted que en las tribunas del Madrid y del Barça se cierran un sinfín de tratos de todo tipo. Cierto, ellos no son autónomos, pero le aseguramos que con una charla en un palco privado, cara a cara, se logra más que con 150.000 correos.

Siempre que le sea posible oblíguese a pisar la calle. Hágase unas tarjetas de visita, ahora cuestan cuatro duros y le resultarán útiles. No se pierda ningún evento, por absurdo que le parezca, y acuda a todas las entrevistas de trabajo a las que le convoquen. Aprenderá muchísimo de cómo funcionan los modernos circuitos laborales y –seguro– conocerá a personas que pueden ayudarle en un futuro.

Las redes sociales son importantes, usted lo sabe y nosotros también, pero con mucho cuidado. Facebook puede ser una buena manera de estar al día con sus amigos pero es dudoso que le sirva para nada más, a menos que decida enfocarlo de un modo profesional. Twitter es altamente peligroso y muchos *headhunters* –buscadores de talentos– lo utilizan para saber de qué pie cojea. Úselo con cautela para darse autobombo. Linkedin está bien si lo actualiza usted constantemente y refleja sus méritos, pero no ponga ahí sus curritos de poca monta porque a nadie le interesan.

Sonría

Esto no le servirá de nada pero desconcertará al Estado, al director del banco, a su competencia y hasta al vecino. Los autónomos han de ser desconcertantes, no lo olvide.

Capítulo 4

GUÍA PRÁCTICA PARA EMPEZAR A SER UN AUTÓNOMO FELIZ

EL SER AUTÓNOMO

Ser autónomo es algo correoso, tal y como hemos intentado plasmar a lo largo (y ancho) de este libro. Empezar puede ser algo laberíntico, así que vamos a tratar de dar unas cuantas pistas a los que tengan previsto adentrarse en **la jungla burocrática que conduce hasta el RETA (Régimen Especial de Trabajadores Autónomos).**

Como autónomo, tiene la obligación de darse de alta en el RETA. Puede hacerlo usted mismo o pagar a alguien que lo haga por usted (el caso más común es hacerse con un gestor). Hay una serie de documentos y procedimientos imprescindibles que deben conocerse para no acabar en manos de Satán (léase, Hacienda).

• Se entiende por autónomo a aquel que realiza una actividad económica lucrativa (si es benéfica la cosa cambia), sin estar sujeto a un contrato de trabajo. Solo necesitas un alta, aunque pienses inscribirte en categorías distintas, y que entres en el RETA no significa que no puedas realizar otro tipo de actividad. Es decir, alguien puede tener un trabajo de oficina y dedicar las noches a ser autónomo: es bastante cansado pero es legal.

Siempre que quieras darte de alta, o de baja, o hacer cualquier tipo de cambio debes hacer el trámite a través del modelo TA0521. Al final de este capítulo lo encontrarás desglosado.

TENGO QUE SER DEL RETA SI...

• Si eres mayor de 18 años y trabajas de forma habitual sin tener un contrato de trabajo. Ojo, que si abres un negocio (es decir, que tú eres el empresario) también estás sujeto al régimen.

• Si eres autónomo extranjero (tendrás que cotizar aquí con las condiciones españolas, lo sentimos).

• Si eres un profesional por cuenta propia también obligado a inscribirte en un colegio profesional (abogados, médicos, etc). Antes uno podía escoger pertenecer a la mutua del colegio profesional correspondiente pero con la legislación actual esa posibilidad se ha extinguido casi por completo.

• Si eres un autónomo dependiente, es decir, que facturas más de un 75% al mismo cliente. Recuerda que si ese es tu caso es imprescindible que te hagan un contrato especificando tus condiciones laborales. Ese contrato debe ser registrado en el Servicio Público de Empleo Estatal (SEPE).

Hace unos años, que alguien te contratara y te obligara a hacerte autónomo estaba considerado fraude de ley. Sin embargo, con la introducción de determinados híbridos, el Gobierno persigue que eso sea perfectamente normal. Naturalmente, y como más del 80% de los autónomos cotizan por el mínimo, las pérdidas para la Seguridad Social son incalculables, lo que a la larga acabará pasando factura al sistema de pensiones.

EL MODELO TA0521*

Cualquier autónomo debe estar familiarizado con este **documento, que es la pieza básica del régimen** (el de autónomos, queremos decir). Este pedazo de papel **es el modelo más común de solicitud para altas, bajas y cambios**. Para cumplimentarlo se necesitan unas cuantas cosas (a presentar en las oficinas de la Tesorería de la Seguridad Social):

• **El DNI** (o en su defecto el pasaporte o la tarjeta que le identifica como extranjero).

• **Si es extranjero**, el original y la copia del **permiso de trabajo**.

• El justificante del IAE. **El IAE es el impuesto que grava las actividades económicas**. La gestión del mismo es bastante sencilla, basta con dirigirse o bien a la oficina de recaudación municipal (en municipios de más de 50.000 habitantes y con las competencias transferidas) o bien a la oficina de Hacienda más cercana. **Una vez allí tiene que solicitar este impreso: declaración censal, modelo 036**. Muy probablemente se le facilite el **modelo 037**, que es una versión simplificada de la anterior (y que aun así le generará dudas). Insistimos en que los trabajadores de la Agencia Tributaria están ahí para responder cualquier pregunta que tenga.

• Si es parte de una sociedad debe llevar el original y la copia del documento de constitución de la misma (y para eso ha de estar inscrita en el registro, claro).

*** Reproducción del documento TA0521 en página 163**

RECORDATORIO:

3 PASOS PARA SER AUTÓNOMO

(Esto ya lo recoge el capítulo anterior, pero es tanta su importancia que vamos a repetirlo)

1) **Alta en el impuesto sobre actividades económicas (IAE).** Este impuesto directo parte de la elección de una actividad empresarial que define en mayor o menor medida el trabajo que realizará el autónomo. Este impreso determina el régimen de tributación en el IRPF del trabajador y calcula el IVA al que estará sujeto.

¿Dónde? En la Agencia Tributaria.

2) **Solicitud del alta censal.** A través del impreso 036/037 se escoge el régimen fiscal correspondiente y se indica en qué fecha concreta comienza el autónomo a desarrollar su actividad.

¿Dónde? En la Agencia Tributaria.

3) **Afiliación en el Régimen Especial de Autónomos de la Seguridad Social.** Desde el alta censal se dispone de un periodo de 30 días naturales para realizar la inscripción. Debe llevarse el modelo 036/037, el DNI y el modelo TA0521 de alta en el Régimen Especial de Trabajadores Autónomos.

¿Dónde? En la Tesorería General de la Seguridad Social.

ESCOGER UNA CATEGORÍA, MISIÓN IMPOSIBLE

Cuando se da de alta debe escoger un epígrafe del IAE. Eso va a marcar su cotización, incluyendo el IVA, que deberá aplicar a sus facturas. Este será del 4,5%, del 10% o del 21%. Le animamos a que acuda a la Agencia Tributaria y consulte allí qué IVA tendrán sus facturas porque hay infinidad de variantes y es imposible ofrecerle un modelo de cálculo genérico.

Sobre el alta en el IAE, nos es imposible entrar aquí en detalles (necesitaríamos un libro de 800 páginas), pero déjenos darle unos consejos:

• **Puede escoger dos actividades distintas** (consúltelo, hay algunas incompatibilidades) **pero intente que tengan la misma fiscalidad de IRPF e IVA**, o es bastante posible que acabe teniendo un problema con su facturación. Sin embargo, es aconsejable inscribirse en una sola actividad, y mucho más sencillo.

• Tenga presente que el IRPF aplicable es del 21% **(se puede reducir desde el 9% hasta el 15% en los tres primeros años de funcionamiento, consúltelo en la Agencia Tributaria, pero cuidadito con el martillo de Hacienda)**. Algunas actividades aplican un IRPF mucho más bajo, como es el caso de algunas relacionadas con la agricultura.

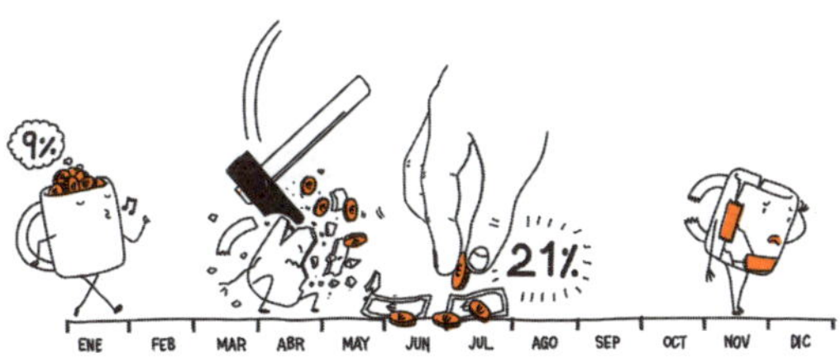

• Es posible que su actividad no encaje en ninguno de los epígrafes. Aunque haya todos estos:

SECCIÓN PRIMERA

División 0: GANADERÍA INDEPENDIENTE

- **01** Explotación de ganado bovino
- **02** Explotación de ganado ovino y caprino
- **03** Explotación de ganado porcino
- **04** Avicultura
- **05** Cunicultura
- **06** Otras explotaciones ganaderas (no comprendidos en otras partes)
- **07** Explotaciones mixtas

División1: ENERGÍA Y AGUA

- **11** Extracción, preparación y aglomeración de combustibles sólidos
- **12** Extracción de petróleo y gas natural
- **13** Refino de petróleo
- **14** Extracción y transformación de minerales radiactivos
- **15** Producción, transporte y distribución de energía eléctrica, gas, vapor y agua caliente
- **16** Captación, tratamiento y distribución de agua y fabricación de hielo

División2: EXTRACCIÓN Y TRANSFORMACIÓN DE MINERALES NO ENERGÉTICOS Y PRODUCTOS DERIVADOS. INDUSTRIA QUÍMICA

- **21** Extracción y preparación de minerales metálicos
- **22** Producción y primera transformación de metales
- **23** Extracción de minerales no metálicos ni energéticos: turberas
- **24** Industrias de productos minerales no metálicos
- **25** Industria química

División3: INDUSTRIAS TRANSFORMADORAS DE LOS METALES, MECÁNICA DE PRECISIÓN

- **31** Fabricación de productos metálicos (excepto máquinas y material de transporte)

- 32 Construcción de maquinaria y equipo mecánico
- 33 Construcción de máquinas de oficina y ordenadores
- 34 Construcción de maquinaria y material eléctrico
- 35 Fabricación de material electrónico (excepto ordenadores)
- 36 Construcción de vehículos automóviles y sus piezas de repuesto
- 37 Construcción naval, reparación y mantenimiento de buques
- 38 Construcción de otro material de transporte
- 39 Fabricación de instrumentos de precisión, óptica y similares

División 4: OTRAS INDUSTRIAS MANUFACTURERAS

- 41 Industrias de productos alimenticios y bebidas
- 42 Industrias de otros productos alimenticios, bebidas y tabacos
- 43 Industria textil
- 44 Industria del cuero
- 45 Industria del calzado y vestido y otras confecciones textiles
- 46 Industrias de la madera, corcho y muebles de madera
- 47 Industria del papel y fabricación de artículos de papel: artes gráficas y edición
- 48 Industrias de transformación del caucho y materias plásticas
- 49 Otras industrias manufactureras

División 5: CONSTRUCCIÓN

- 50 Construcción
    - 501 Edificación y obra civil
    - 502 Consolidación y preparación de terrenos, demoliciones, perforaciones para alumbramiento de aguas, cimentación y pavimentaciones
    - 503 Preparación y montaje de estructuras y cubiertas, postes y torres metálicas, carriles, compuertas, grúas, etc.
    - 504 Instalaciones y montajes
    - 505 Acabados de obras
    - 506 Servicios auxiliares de la construcción y dragados
    - 507 Construcción, reparación y conservación de toda clase de obras
    - 508 Agrupaciones y uniones temporales de empresas

División 6: COMERCIO, RESTAURANTES, HOSPEDAJE, REPARACIONES

• 61 Comercio al por mayor
• 62 Recuperación de productos
• 63 Intermediarios del comercio
• 64 Comercio al por menor de productos alimenticios, bebidas y tabaco realizado en establecimientos permanentes
• 65 Comercio al por menor de productos industriales no alimenticios realizado en establecimientos permanentes
• 66 Comercio mixto o integrado; comercio al por menor fuera de un establecimiento comercial permanente (ambulancia, mercadillos y mercados ocasionales o periódicos); comercio en régimen de expositores en deposito y mediante aparatos automáticos
• 67 Servicio de alimentación (restaurantes, bares, cafés, otros servicios de restauración)
• 68 Servicio de hospedaje
• 69 Reparaciones

División 7: TRANSPORTE Y COMUNICACIONES

• 71 Transporte por ferrocarril
• 72 Otros Transportes terrestres
• 73 Transporte marítimo y por vías navegables interiores
• 74 Transporte aéreo
• 75 Actividades anexas a los transportes
• 76 Telecomunicaciones

División 8: INSTITUCIONES FINANCIERAS, SEGUROS, SERVICIOS PRESTADOS A LAS EMPRESAS Y ALQUILERES

• 81 Instituciones financieras
• 82 Seguros
• 83 Auxiliares financieros y de seguros, actividades inmobiliarias
• 84 Servicios prestados a las empresas
• 85 Alquiler de bienes muebles
• 86 Alquiler de bienes inmuebles

División 9: OTROS SERVICIOS

- **91** Servicios agrícolas, ganaderos, forestales y pesqueros
- **92** Servicios de saneamiento, limpieza y similares. Servicios contra incendios y similares
- **93** Educación e investigación
- **94** Sanidad y servicios veterinarios
- **95** Asistencia y servicios sociales
- **96** Servicios recreativos y culturales
- **97** Servicios personales
- **98** Parques de recreo, ferias y otros servicios relacionados con el espectáculo. Organización de congresos. parques o recintos feriales
- **99** Servicios no clasificados en otras rubricas

SECCIÓN SEGUNDA

División 0: Profesionales relacionados con la Agricultura, Ganadería, Caza y Pesca

- **01** Doctores y Licenciados en Ciencias Biológicas, Ingenieros Agrónomos y de Montes
- **02** Ingenieros Técnicos Agrícolas y Forestales, Técnicos en Biología, Agronomía y Silvicultura y otros Técnicos similares
- **09** Otros profesionales relacionados con la agricultura, ganadería, caza, silvicultura y pesca, n.c.o.p.

División 1: Profesionales relacionados con las actividades propias de la Energía, Agua, Minería y de la Industria Química

- **11** Doctores y Licenciados en Ciencias Físicas, en Ciencias Geofísicas y en Ciencias Geológicas. Ingenieros de Minas
- **12** Doctores y Licenciados en Ciencias Químicas
- **13** Ingenieros Técnicos de Minas, Facultativos y Peritos
- **19** Otros profesionales relacionados con las actividades propias de la energía, agua,minería e industria química, n.c.o.p.

División 2: Profesionales relacionados con las Industrias de la Aeronáutica, de la Telecomunicación y de la Mecánica de Precisión

• 21 Ingenieros Aeronáuticos y Navales, Ingenieros de Telecomunicación e Ingenieros de Armamento y Construcción y similares
• 22 Ingenieros Técnicos y Ayudantes de la aeronáutica y Ayudantes de Ingenieros de Armamento y Construcción y similares
• 29 Otros profesionales relacionados con las industrias de la aeronáutica, de la telecomunicación y de la mecánica de precisión, n.c.o.p.

División3: Profesionales relacionados con otras Industrias Manufactureras

• 31 Ingenieros Industriales y Textiles
• 32 Ingenieros Técnicos Industriales y Textiles y Técnicos en Artes Gráficas
• 39 Otros profesionales relacionados con otras industrias manufactureras, n.c.o.p.

División 4: Profesionales relacionados con la Construcción

• 41 Arquitectos e Ingenieros Superiores de Caminos, Canales y Puertos
• 42 Arquitectos Técnicos e Ingenieros Técnicos en la Construcción
• 43 Delineantes y Decoradores
• 44 Técnicos Superiores en Desarrollo de Proyectos Urbanísticos y Operaciones Topográficas
• 45 Ingenieros en geodesia y cartografía
• 49 Otros Profesionales relacionados con la Construcción, n.c.o.p

División 5: Profesionales relacionados con el Comercio y la Hostelería

• 51 Agentes Comerciales
• 52 Técnicos en Hostelería
• 59 Otros profesionales relacionados con el Comercio y la Hostelería

División 6: Profesionales relacionados con el Transporte y las Comunicaciones

• 61 Gestores o intermediarios en las operaciones de transporte, y conductores de vehículos
• 69 Otros profesionales relacionados con el transporte y las comunicaciones n.c.o.p.

División 7: Profesionales relacionados con las Actividades Financieras, Jurídicas, de Seguros y Alquileres

- **71** Profesionales relacionados con los seguros
- **72** Gestores de asuntos públicos y privados
- **73** Profesionales del Derecho
- **74** Profesionales de la Economía y de las Finanzas. Especialistas en Inversiones y Mercados y otros Técnicos similares
- **75** Profesionales de la Publicidad
- **76** Profesionales de la Informática y de las Ciencias Exactas
- **77** Profesionales de actividades diversas
- **79** Otros profesionales relacionados con las actividades financieras, jurídicas,de seguros y de alquileres, n.c.o.p.

División 8: Profesionales relacionados con otros servicios

- **81** Profesionales que prestan servicios de limpieza
- **82** Profesionales de la enseñanza
- **83** Profesionales de la Sanidad
- **84** Profesionales relacionados con actividades parasanitarias
- **85** Profesionales relacionados con el espectáculo
- **86** Profesiones liberales, artísticas y literarias
- **87** Profesionales relacionados con loterías, apuestas y demás juegos de suerte, envite y azar
- **88** Profesionales diversos
- **89** Otros profesionales relacionados con los servicios a que se refiere esta División

SECCIÓN TERCERA

Actividades artísticas

- **01** Actividades relacionadas con el cine, el teatro y el circo
- **02** Actividades relacionadas con el baile
- **03** Actividades relacionadas con la música
- **04** Actividades relacionadas con el deporte
- **05** Actividades relacionadas con espectáculos taurinos

Hola, ¿sigue usted ahí? Como íbamos diciendo hace unas cuantas páginas, **puede que no encaje usted en ninguno de los epígrafes mencionados**. Para eso hay ciertas categorías donde –de un modo u otro– pueden encajonarle. Hay periodistas metidos en el epígrafe de ceramistas (se lo podemos confirmar) e ilustradores que son toreros. Todo es cuestión de echarle imaginación.

- **Cuando facture hágalo siempre teniendo en cuenta la actividad en la que se ha inscrito**. De otro modo alguien de Hacienda podría llamar a su puerta.

EL PARO, LA BAJA Y LA MADRE QUE LOS PARIÓ

Como ya sabe, en la página 163 tiene usted la reproducción del documento TA0521, que es su entrada al mundo de los autónomos. Estúdielo con atención porque nosotros no podemos hacerlo por usted, **pero intente realizar estos procedimientos con suma cautela.** Este es un documento oficial que simplemente da fe de su futura ocupación/fiscalidad, pero también **es un compromiso con el Estado**, y este se asegurará de hacérselo notar si alguna vez se equivoca o incumple su parte. Por cierto, si el Estado incumple la suya no tendrá usted ninguna manera de devolverle la pelota: cosas del progreso.

Algunos consejos

▶ Seguros varios

No es cierto que el autónomo no tenga derecho a la prestación por baja: lo tiene, aunque no con esa cuota mínima por la que opta casi todo el mundo. Puede usted solicitar este derecho en el mismo documento con el que se da de alta en el RETA. Ahora bien (sabemos que sabía que iba a haber pegas), debe usted pedir que le hagan el cálculo de cotización porque si desea algo más que los derechos básicos del autónomo (pocos, como bien sabrá, y entre los que no se encuentra este del que hablamos) **su cuota aumentará exponencialmente**.

▶ De hecho, puede usted acceder a más cosas

(Fíjese en el documento) En la propia Tesorería de la Seguridad Social le podrán asesorar al respecto, haciéndole un cálculo de lo que va a costarle acceder a cada tramo de normalidad laboral. **Dicho de otra manera, puede usted gozar de todos los beneficios de los que goza un asalariado siempre que esté dispuesto a pagar por ello**. Cuanto más pague más protegido estará como trabajador.

Como ya comentamos en otro capítulo de este libro, el 80% de los autónomos cotizan por la base mínima. Eso es cómodo (aunque esta comodidad se acerque a los 300 euros mensuales) pero tiene algunos problemas. El primero es que **no está usted protegido de apenas nada**. El segundo es que su pensión –aunque dudamos que jamás llegue a verla– **será ridícula**. Y el tercero es que alguien va a decirle que **su contribución al estado del bienestar es nula**. Sí, ya sabemos que es jodido ser autónomo: nosotros –que lo sepa– tampoco contribuimos al estado del bienestar… porque no nos dejan.

En España se usa un sistema de pensiones que básicamente se sustenta en la idea de que los trabajadores en activo aportan una cantidad a un fondo común del que se benefician los que ya disfrutan de su retiro. El problema, y perdonen que seamos obvios, es que el sistema deja de sostenerse cuando el paro llega al 26% y muchos de los recién llegados al mercado laboral lo hacen con un contrato basura. La contribución de estos últimos al erario público se convierte en una broma de mal gusto. Hace unos años algunos dudaban de la validez de nuestro sistema de pensiones, y al parecer tenían razones de peso para hacerlo.
Muchos ya hablan de una reestructuración a fondo de este sistema, y hasta de la posible implementación de uno parecido al de Chile (por citar un ejemplo sólido) en el que cada trabajador disfruta en su jubilación del dinero que él mismo ha ido aportando a lo largo de su vida laboral. Sea como fuere, y en a cuanto usted, querido/a autónomo/a: proceda a contratar un plan de pensiones privado. Le recomendaríamos otra cosa, pero no lo vemos claro.

DIOS MÍO, UNA FACTURA

Las facturas son el gran problema de los autónomos. Esta afirmación no es gratuita: para algunos la facturación se convierte en una auténtica pesadilla.

- Algunas pistas con los tipos de factura (no son tantas, no se asuste):

a) Recapitulativas: documentan agrupaciones de facturas de un periodo. Es poco probable que usted las utilice. Son la herramienta que utilizan muchas empresas para simplificar el proceso de facturación y ahorrar tiempo y dinero agrupando información recurrente.

b) Rectificativas: documentan correcciones en facturas anteriores. Esperamos que no tenga que utilizarlas, señal de que lo habrá hecho todo bien.

c) Ordinarias: documentan operaciones comerciales, son las facturas clásicas. Ni más, ni menos. Indican sus datos (NIF incluido), los datos (y el NIF) del proveedor, el concepto de facturación y la cantidad que hay que facturar. No olvide que las facturas van numeradas (empezando de cero cada año) y que deben seguir una numeración correlativa. Sea muy ordenado a la hora de su preparación y nunca olvide aplicar los tipos de IVA e IRPF que se aplican a su epígrafe. Por último, no olvide indicar la forma de pago: por su propio bien.

Nunca haga lo siguiente:

1) No guardar registro de las facturas. Son documentos que certifican su trabajo y que Hacienda puede requerir en cualquier momento. No tenerlas en orden le puede costar un gran disgusto.

2) No numerarlas.

3) Presentar facturas con IVA e IRPF que no concuerden con los que establece su epígrafe. Estará incurriendo en una falta que a su vez puede convertirse en una multa.

4) Creer que un documento enviado por correo electrónico es una factura electrónica. **La factura electrónica requiere una firma digital**, de lo contrario es solo un papel. La firma digital es el equivalente a la firma manuscrita en trámites electrónicos, y puede conseguirse a través del organismo CERES (Certificación Española), vinculado a la Fábrica Nacional de Moneda y Timbre. Su obtención es gratuita y garantiza su identidad en todo trámite comercial realizado a través de Internet.

5) No olvide poner todos los datos. Tenga a punto una plantilla con estos y úsela como referente. Le será mucho más sencillo trabajar de ese modo.

6) No se pelee nunca con los departamentos de administración (esto es, aquellos que se encargan de tramitar el abono de sus facturas). Puede parecerle una memez pero muchas de las personas que trabajan en esos departamentos pueden echarle un cable, especialmente cuando siendo un novato las cosas no sean siempre cristalinas. Alguien puede advertirle de un error y ahorrarle un disgusto en forma de retraso en su pago.

Los autónomos debemos lidiar con estos departamentos constantemente y a veces es difícil no ceder a la tentación de pagar los platos rotos con ellos (especialmente cuando el pago no llega en el plazo prometido) pero recuerde que es mejor contar con un aliado que con un enemigo y que la mayoría de esas personas son meros intermediarios que se limitan a cumplir con su trabajo y que en ningún caso pretenden perjudicarle.

La burocracia autónoma es bastante sencilla una vez se entra en el sistema. Procure entrar con el pie derecho e infórmese de cualquier duda que tenga. Siempre que le sea posible (aunque sea al principio) deje que un profesional eche un vistazo a sus papeles.

Hay muchas páginas que consultar e infinidad de asociaciones que pueden echarle una mano. Unas le van a pedir dinero y otras no, le aconsejamos que antes de recurrir a las primeras busque a alguien cercano y con experiencia. Si eso no funciona recurra a alguien que le inspire confianza.

Es básico que adquiera la disciplina necesaria para ser muy ordenado en sus cuentas, y que esta incluya la obsesión por la claridad. Tenga claro incluso lo que decida no hacer. No vamos a animarle aquí a que se salte nada, pero si decide hacerlo, hágalo bien. En el RETA, como en la vida, los descuidos acarrean consecuencias.

Y por supuesto, ya sea en la Tesorería General de la Seguridad Social o en la Agencia Tributaria, no dude en consultar todo lo que le pase por la cabeza. Todas esas personas trabajan para usted, no lo olvide, así que no se vaya a ninguna parte hasta que todo le quede claro.

Por último: piense que las reglas, los protocolos o el IVA aplicable se mueven y cambian continuamente. Eso significa que algunos de los datos que contiene esta página podrían ser incorrectos el año que viene. Manténgase informado porque pronto habrá elecciones y durante unas semanas perseguirán su voto. Luego volverán a olvidarse de que existe, pero podría rascar algo. Ya sabe: la información es poder.

GLOSARIO A MODO DE RECORDATORIO

Documento TA0521
Solicitud de alta / baja / variación de datos en el Régimen Especial de Autónomos. El documento tiene diversas versiones dependiendo de su actividad pero es siempre el TA0521, añadiéndole un apéndice numérico (ejemplo: el TA0521-1). No se preocupe, usted trabajará con el básico y si necesita otro se lo indicarán.

Tesorería General de la Seguridad Social (pegamos y copiamos de su web, donde se explica bastante claro qué es y para qué sirve este organismo):

> **«Es un servicio común de la Seguridad Social, tutelado por el Ministerio de Empleo y Seguridad Social, con personalidad jurídica propia, donde por aplicación de los principios de solidaridad financiera y caja única, se unifican todos los recursos económicos y la administración financiera del Sistema de la Seguridad Social.**
> **Su calificación de servicio común obedece a que es un organismo encargado de la gestión de determinadas funciones comunes a las distintas Entidades Gestoras del Sistema de la Seguridad Social».**

Competencias
• La inscripción de empresas.
• La afiliación, altas y bajas de los trabajadores.
• La gestión y control de la cotización y de la recaudación de las cuotas y demás recursos de financiación del Sistema de la Seguridad Social.
• El aplazamiento o fraccionamiento de las cuotas de la Seguridad Social.
• La titularidad, gestión y administración de los bienes y derechos

que constituyen el patrimonio único de la Seguridad Social, sin perjuicio de las facultades que las Entidades Gestoras de la Seguridad Social, las Mutuas de Accidentes de Trabajo y Enfermedades Profesionales y el Instituto Nacional de Salud tienen atribuidas.

• La organización de los medios y el diseño y gestión de los procesos necesarios para el ingreso de las cuotas y demás recursos financieros del Sistema de la Seguridad Social.

• La ordenación del pago de las obligaciones de la Seguridad Social y la distribución en el tiempo y en el territorio de las disponibilidades dinerarias para satisfacer puntualmente dichas obligaciones.

• La organización y gestión del circuito financiero que canalice las disponibilidades y movimientos relativos a los recursos del Sistema, conforme a las necesidades de gestión de la Seguridad Social.

• La autorización de la apertura de cuentas en Instituciones Financieras destinadas a situar fondos de la Seguridad Social.

• La realización de las operaciones de crédito y anticipos de Tesorería que, en su caso, sean necesarias.

• La elaboración del presupuesto monetario.

• La gestión de la función reaseguradora de accidentes de trabajo.

• La constitución, gestión y aplicación de un fondo de estabilización financiero único para el Sistema de la Seguridad Social.

• La liquidación de los capitales coste a constituir por Mutuas de Accidentes de Trabajo y empresas declaradas responsables del pago de prestaciones.

• La realización de cuantas otras funciones de naturaleza análoga le sean encomendadas por el Ministerio de Empleo y Seguridad Social.

• La adquisición de los inmuebles necesarios para el cumplimiento de sus fines mediante concurso público, así como la enajenación de aquellos que no resulten necesarios para los mismos, mediante el procedimiento de subasta pública.

Modelo 036 o 037

Las personas o entidades que desarrollen o vayan a desarrollar en territorio español actividades empresariales o profesionales, deberán comunicar a través de las declaraciones censales, modelos 036 o 037, su alta en el Censo de empresarios, profesionales y retenedores, así como las modificaciones que se produzcan en su situación tributaria, incluyendo la modificación del domicilio fiscal o social, y la baja en dicho censo (Hacienda dixit).

Agencia Tributaria:

Ya lo sabe, la casa del terror. Los emisores de esos sobrecitos con pestaña negra que empiezan diciendo: «Ha cometido usted una falta» y que le llegan a su casa cuando menos lo espera. Procure llevarse bien con ellos y recuerde que funcionan de forma jerarquizada: las jerarquías son para ellos intocables, no intente saltarse ninguna.

I.A.E. (Impuesto sobre actividades económicas):

«El **Impuesto sobre Actividades Económicas** (IAE) es un impuesto que forma parte del sistema tributario español gestionado por los ayuntamientos. Grava de forma directa la realización de cualquier tipo de actividad económica, tanto de personas físicas como jurídicas. A diferencia de otros impuestos, su importe es constante independientemente del balance de la actividad. Es un impuesto directo, obligatorio, proporcional, real y de gestión compartida».

Esta es una definición de la Wikipedia bastante precisa: el IAE es un impuesto ineludible que grava la actividad económica. Si es usted autónomo van a hacerse buenos amigos (es un decir) porque va a tener que abonarlo sí o sí, independientemente de que su actividad profesional vaya bien o menos bien... si le va mal también lo pagará.

IVA:

Teóricamente, se trata de un impuesto que carga el vendedor en el momento de la transacción comercial. Esa es la teoría. En la práctica es un poderoso instrumento recaudatorio que se mueve al gusto del gobernante de turno, dependiendo siempre de las necesidades de recaudación (a menos que haya elecciones, entonces la cosa cambia). En España grava todo tipo de acciones y es uno de los grandes dolores de cabeza del autónomo.

Las declaraciones trimestrales de IVA:

Los autónomos deben –trimestralmente– hacer una declaración de IVA, y pagar al Estado todo el que hayan facturado (a través del llamado **modelo 303**). Este trámite solo puede hacerse por Internet a través de la página de la Agencia Tributaria, por lo que si comete un error y le ha dado a «aceptar», tendrá que personarse en Hacienda. Esto suele ocurrir si no está bien preparado, créanos. Por eso es importante guardarse esos importes de IVA que añadimos a cada factura, ya que llegado el momento habrá que abonarlos. Si no lo hace le llegará una de esas cartitas con pestaña negra que tanto gustan. Le aconsejamos también que consulte con cierta antelación los plazos para presentar su declaración (y hacerlo a tiempo), y que afronte el trámite con toda la calma de la que sea capaz.

Llevar un orden estricto de las facturas y del estado de nuestras cuentas es vital, ya que el Estado no perdona (siempre se pueden negociar aplazamientos con la Agencia Tributaria, pero tenga en cuenta que van a cobrarle jugosos intereses).

Al final de este capítulo desglosaremos el **modelo 303**, para que esté preparado. Y recuerde que, junto a su cuarta declaración trimestral habrá de hacer la anual (**modelo 390**), de características muy semejantes.

El IRPF (Impuesto sobre la Renta de las Personas Físicas):
La declaración de la renta, vaya. Es ese impuesto anual en el que gravan sus ganancias. También es posible (de hecho, con los autónomos es muy posible) que no haya ganado usted nada o muy poco y entonces no deberá pagar. Incluso se puede dar el hecho de que su declaración resulte negativa y le devuelvan dinero.

Recuerde que tiene que incluir el IRPF (el que corresponda a su epígrafe) en todas sus facturas. Nos repetimos más que el ajo, pero la causa lo vale. ***El IRPF es un impuesto importante para la declaración de la renta que afecta solo a los autónomos (no a las empresas). Es un porcentaje que en las facturas aparecerá en negativo. Esto es así porque el pagador (el cliente del autónomo) lo abona –directamente– a Hacienda.***

El método de pago:

La última parte de este glosario es el más importante de los recordatorios: no olvide poner el método de pago en sus facturas y –sobre todo– no olvide especificar dónde y cómo desea cobrarlo. Esto es una perogrullada pero ningún departamento va a contrastar que los dígitos de su cuenta corriente sean correctos. Y si la transferencia no es posible en el día de pago sepa que se le devolverá la factura para que la rehaga y su abono se retrasará un mes como mínimo.

(Para más información lea el punto dedicado a los departamentos de administración).

DISECCIÓN DE LOS MODELOS FUNDAMENTALES

MODELO TA0521

El documento más importante (lo hemos dicho muchas veces) que hay que presentar cuando uno se inscribe en el Régimen General de Trabajadores Autónomos es el TA0521. Son dos hojitas, donde –básicamente– canta usted *La Traviata.*

En este libro hemos decidido hacerle la autopsia al documento, para que sepa usted a qué atenerse.

PRIMERA PARTE

Solicitud simplificada de: alta, baja o variación de datos en el régimen especial de autónomos.

1) Nombre y apellidos. Aquí no hace falta que le expliquemos nada, si no tiene usted claro cuál es su nombre quizás no es buena idea que se haga autónomo.

> **1.2)** Número de Seguridad Social/Fecha de nacimiento. ¿Seguimos bien, no?
> **1.3)** Grado de discapacidad. En caso de que tenga usted que declarar algo al respecto esta es la casilla que debería usar.
> **1.4)** Tipo de documento identificativo. Ya sabe, DNI, pasaporte, etc.
> **1.5)** Número de documento identificativo. Eso.
> **1.6)** Domicilio. Ese sitio donde usted vive.
> **1.7)** Datos telemáticos. Solo si desea usted que el Ministerio de Empleo y Seguridad Social pueda contactarle a través del correo electrónico o de su teléfono móvil.

2) Datos relativos a la solicitud. En esta parte se especifican los detalles que van a marcar su condición de autónomo.

2.1) Alta/Baja/Variación de datos. Aquí tiene usted su casillita para darse de alta, baja o rectificar epígrafes (por ejemplo). También incluye un espacio para incluir la fecha y la causa de la modificación. Si planea usted (por motivos puramente financieros, como explicábamos en la Guía práctica) darse de alta en el RETA y seguidamente darse de baja, esta es la parte clave. Dependiendo de cuál sea el motivo de su baja o variación de datos puede que deba adjuntar documentos. Consúltelo.

3) Datos relativos a la actividad profesional.

3.1) Actividad económica/colegio profesional. Aquí debe usted especificar su actividad económica (trabajador autónomo, profesional autónomo, etc.)

3.2) IAE. Añadir el epígrafe del IAE. Si tiene dudas consulte nuestra Guía Práctica.

3.2 (bis)) CNAE 2009. Es el número resultante de una clasificación gubernamental con propósitos estadísticos. No debe usted poner nada, en la Tesorería le asesorarán.

3.3) Nombre comercial. Si lo hubiera.

3.4) Domicilio. Ya sabe, dónde se va a realizar esa actividad económica, que puede ser su casa o una nave industrial.

3.5) Aquí se contemplan casos concretos, como la mujer que se reincorpora después de un permiso de maternidad, el autónomo integrado en un colegio profesional o el notario (si es usted esto último nos parece raro que esté leyendo este libro, pero se lo agradecemos de todas maneras).

4) Opción, respecto de la base de cotización, a las prestaciones por contingencias profesionales a través de la mutua de accidentes de trabajo y enfermedades profesionales. En la hoja 2 (recordamos que este formulario consta de dos partes).

5) Datos relativos al representante. En caso de que haya usted delegado en un gestor, un abogado o un amigo, aquí es donde debe especificarlo.

6) Efectos de notificaciones. Dónde desea usted que se le comuniquen los cambios o las novedades… o las multas (esperemos que no).

7) Datos para la domiciliación del pago de cuotas. Vamos, sus datos bancarios para que le pasen los recibos. Es doloroso pero necesario.

SEGUNDA PARTE (OJO)

Esta hoja es aquella en la que usted decide cuánto quiere pagar (sabiendo que hay un mínimo del que no puede bajar a menos que pueda acogerse a la tarifa plana).

4.1) Opción respecto de la base de cotización. Aquí puede escoger entre la base mínima, la base máxima u otra base. Cuanto mayor sea su base de cotización mayor será su pensión. Aquí podríamos decirle que no hay ninguna seguridad de que llegue usted a cobrarla (tal y como están las cosas), pero también podemos decirle que aportar el mínimo contribuye en menor medida a la continuidad del estado de bienestar. Sabemos que lo primero le va a influir más, pero es justo que le contemos lo segundo.
4.2) Mutua de cobertura. Documento de adhesión a una mutua de accidentes de trabajo para poder recibir una prestación económica en caso de incapacidad temporal (opcionalmente, podemos elegir una mutua privada).
4.3) Opción respecto de la cobertura de las contingencias profesionales. Si se acoge a esta opción, que le permite cobertura en caso de accidente de trabajo o enfermedad profesional, debe saber que su base de pago (su cuota, vamos) subirá un buen pico. La Seguridad Social le calculará la cuota final, pero queda advertido.

4.4) Opción respecto de la incapacidad temporal. Nuevamente, puede usted marcar la casilla «Acogerse a la cobertura de la incapacidad temporal» para gozar de cobertura en ese caso, pero su cuota subirá en consecuencia.

6) Efectos de notificación señala como domicilio preferente *blablablá...* Si el domicilio es distinto al de su residencia debe especificarlo aquí.

Y por último, cortesía de *El economista*:

«El Gobierno ha decidido abordar una de las grandes reivindicaciones de los trabajadores autónomos: que todo el colectivo tenga derecho a la protección por desempleo. La reforma tiene dos claves: por un lado aumentar la protección y el número de trabajadores que se podrán acoger a ella, y por otro obligar a todo el colectivo a cotizar por ello a la Seguridad Social.

El objetivo del Ejecutivo, que trata de cubrir una de las demandas históricas del sector de los trabajadores por cuenta propia, es que el sistema pueda autofinanciarse, sin tener que recurrir a fondos públicos adicionales. Asimismo, cuenta con unas reservas de 250 millones de euros, debido al escaso éxito de la protección voluntaria.

La reforma, incluida en la nueva norma que modifica las mutuas de la Seguridad Social -encargadas de gestionar esta prestación- ***da mayor flexibilidad para acceder a la cobertura****. En concreto, el beneficiario deberá probar pérdidas al cierre del ejercicio, según informa el diario* Expansión. *Esto supone una importante flexibilización de los criterios, ya que hasta ahora el trabajador por cuenta propia debía demostrar que había tenido un resultado negativo equivalente a entre el 20% y 30% de los ingresos del ejercicio anterior, algo muchas veces imposible de probar por las características del sistema de módulos».*

O sea, que ahora puede tener usted derecho a paro pero pagando más. La cosa aún no se ha aprobado (puede que se haga oficial en lo que tarden estas líneas en ir desde el ordenador a la imprenta o de la imprenta hasta su estantería) pero los trazos básicos (los requisitos) son los siguientes:

• Estar afiliado y en situación de alta en el RETA.
• Estar al corriente en el pago de las cuotas a la Seguridad Social y tener cubierta la protección por Accidentes de Trabajo y Enfermedades Profesionales.
• Haber cotizado durante un periodo mínimo de 12 meses durante los 48 meses anteriores al cese.
• Encontrarse en situación legal de cese de actividad, suscribir el compromiso de actividad y acreditar la disponibilidad para volver a trabajar.
• No tener cumplida la edad de jubilación (salvo que no tenga acreditado el periodo de cotización requerido para ello).

Ojo, esto es obligatorio. Es decir, que todos los autónomos nuevos deberán cotizar por ello desde el momento en que se aplique la ley. En teoría esto significa que el statu quo del autónomo cambia, y que a partir de ahora podrá recibir una compensación por el cese de la actividad. Teniendo en cuenta que hasta el momento se habían rechazado el 80% de las peticiones (sí, el 80%), básicamente por la imposibilidad de demostrar pérdidas de un 20 o un 25%, debería ser una buena noticia.
Pero claro, es usted autónomo, así que abróchese el cinturón.

MODELO 303

Identificación (1)

El NIF: el suyo, claro.

Apellidos y Nombre o Razón social: quién es, o qué nombre le ha dado a su sociedad.

Devengo (2)
Ejercicio: el año en el que se está realizando la autoliquidación. (Lo que está haciendo, vamos, ¿en qué año lo está haciendo?)

Periodo: ahí se pone el trimestre correspondiente (1T, 2T, 3T o 4T).

A continuación hay varias preguntas (ligeramente incomprensibles) con casillas para rellenar Sí o No o escribir datos breves:

- ¿Está inscrito en el Registro de devolución mensual (Art. 30 RIVA)?
- ¿Tributa exclusivamente en régimen simplificado?
- ¿Es autoliquidación conjunta?
- ¿Ha sido declarado en concurso de acreedores en el presente periodo de liquidación?
- ¿Ha optado por el régimen especial del criterio de Caja (art. 163 undecies LIVA)?
- ¿Es destinatario de operaciones a las que se aplique el régimen especial del criterio de caja?
- Opción por la aplicación de la prorrata especial (art. 103.Dos.1º LIVA).
- Revocación de la opción por la aplicación de la prorrata especial (art. 103.Dos. 1º LIVA).

Aquí cada uno debe responder dependiendo de su situación, y aunque no entienda nada. Como el desconocimiento suele ser lo normal, ofrecemos un ejemplo con las respuestas más comunes (pero recuerde, puede usted no ser común, y en ese caso debería ignorar este apartado, o leerlo pero en ningún caso tenerlo en cuenta):

¿Desea cumplimentar exclusivamente el apartado Régimen General? SÍ, lo deseo.

Y el resto: NO (aunque, repetimos, depende de cada caso así que no dé por hecho nada, so pena de terrible venganza tributaria).

Liquidación (3)
Régimen General: aquí es donde van los datos numéricos del IVA que hay que pagar.

IVA devengado

En el apartado Régimen General aparecen 3 casillas:

1. Base Imponible	2. Tipo %	3. Cuota
El dinero que se ha ganado con las facturas sujetas a IVA. Por ejemplo: 2.121,20 euros	El % de IVA que hay que pagar, hoy en día el 21%	El resultado: es decir, el 21% de la base imponible. Es decir: 445,45 euros

Más abajo aparecen otras opciones:
• Adquisiciones intracomunitarias de bienes y servicios.
• Otras operaciones con inversión del sujeto pasivo (que excluyen las anteriores, solo faltaría).
• Modificación de bases y cuotas.
• Recargo equivalencia.
• Modificaciones bases y cuotas del recargo de equivalencia.

Generalmente el autónomo de a pie, el *freelance*, vamos, no tiene que rellenar nada de esto (pero claro, hay mil casos)

Total cuota devengada (casilla 27): es el IVA que tiene que pagar (si no tuvo que rellenar las opciones extras anteriores, la cantidad será la misma que la de la casilla 3).

IVA deducible

1. IVA deducible	2. Base	3. Cuota
El IVA que se puede deducir de gastos que correspondan a su actividad (teléfono, gasolina, etc.). La lista de la compra no vale	El total de las facturas que puede desgravarse. Por ejemplo: factura de teléfono: 133,01 euros	El IVA de esas facturas que se descuenta: IVA de la factura del teléfono: 27,93 euros

A continuación aparecen de nuevo otras opciones:
- Por cuotas soportadas en operaciones interiores corrientes.
- Por cuotas soportadas en operaciones interiores con bienes de inversión.
- Por cuotas soportadas en las importaciones de bienes corrientes.
- Por cuotas soportadas en las importaciones de bienes de inversión.
- En operaciones intracomunitarias de bienes y servicios corrientes.
- En adquisiciones intracomunitarias de bienes de inversión.
- Rectificación de deducciones.
- Compensaciones Régimen General Agricultura, Ganadería y Pesca.
- Regularización bienes de inversión.
- Regularización por aplicación del porcentaje definitivo de prorrata.

Si no se ha rellenado ninguna de las casillas anteriores (un autónomo común no tendrá que hacerlo, seguramente) se pasa a la casilla 45 que es el Total a deducir: es decir, el mismo resultado que la casilla 3, en este caso, 27,93.

La siguiente casilla (46) es **el resultado final, el IVA que tiene que pagar después de descontar la cantidad deducible.**

Información adicional

Esto es importante y a mucha gente le pasa desapercibido: hay profesionales que hacen unas facturas con IVA y otras que están exentas del mismo. Por ejemplo, un diseñador gráfico que trabaje por su cuenta para clientes y a la vez imparta clases en la universidad como autónomo tendrá facturas con IVA (las que les pasa a sus clientes) y sin IVA (las que le pase a la universidad). La cantidad que se gana exenta de IVA también hay que ponerla en el modelo 303 trimestral.

Las opciones que da el modelo son las siguientes:

- Entregas intracomunitarias de bienes y servicios.
- Exportaciones y operaciones asimiladas.
- Operaciones no sujetas o con inversión del sujeto pasivo que originan el derecho a deducción: aquí es donde se pone la cantidad ganada exenta de IVA. Es importante porque si no a la hora de hacer la declaración de la renta Hacienda podría crujirte.

A continuación, de nuevo, más opciones incomprensibles para el ciudadano normal:

Exclusivamente para aquellos sujetos pasivos acogidos al régimen especial del criterio de caja y para aquellos que sean destinados de operaciones afectadas por el mismo:

- Importes de las entregas de bienes y prestaciones de servicios a las que habiéndoles sido aplicado el régimen especial del criterio de caja hubieran resultado devengadas conforme a la regla general de devengo.

- Importes de las adquisiciones de bienes y servicios a las que sea de aplicación o afecte el régimen especial del criterio de caja.

Resultado (por fin):

Suma de resultados	**IVA que tiene que pagar después de haber hecho las restas anteriores, es decir: 417,52 euros**
Atribuible a la administración del Estado 100% (¡¡ja!)	417,52 euros
Cuotas a compensar de periodos anteriores	Esperemos que ninguna
Resultado	417,52

Resultado de la liquidación: 417,52 euros (lo que paga de IVA).

También le puede salir neutra (0 euros) o negativa, es decir, que Hacienda le tenga que pagar a usted (raro será).

Recuerde que estos trámites ya no pueden hacerse a través de documentos físicos. La Agencia Tributaria se ha modernizado y ahora solo pueden hacerse desde su portal web. Esto es muy cómodo, salvo si le surgen dudas. En su primera tentativa, tenga muy en cuenta que probablemente le surjan.

A continuación, ha de elegir cómo quiere pagarlo:

- En el banco
- A través de la cuenta bancaria (con el IBAN incluido)

Si se decide a pagarla a través del banco (en ventanilla), se aconseja pagarla con la tarjeta de débito (o crédito, depende de cómo estén las cosas). Más que nada porque así el pago queda registrado en la cuenta bancaria y en caso de problemas futuros, ahí está el comprobante. De todas formas en el banco también le dan un resguardo que es necesario conservar.

Si después de pelearse con el modelo 303 tiene algún problema, debe ir a Hacienda y poner un recurso. Como imaginamos que a estas alturas estará hasta el gorro de tanto papeleo, le aconsejamos que revise todo antes de darle al botón final.

Al hacerlo se genera un documento en PDF, que es el comprobante de haber hecho la declaración trimestral. Eso se guarda en el ordenador o se imprime y se mete en la carpeta de documentos, según el orden de cada persona.

Capítulo 5

¿HAY ALGUIEN AHÍ FUERA?

LOS AUTÓNOMOS POR EUROPA

(basado en hechos reales)

Pese a que algunas publicaciones han escrito sobre el tema, no existen estudios oficiales que comparen la situación, por países, de los autónomos dentro de Europa. Seguramente aparezcan más pronto que tarde, pero –que nosotros sepamos– no se han dado de momento. También es cierto (lo decimos en otro capítulo de este libro) que **si algún día se hiciera un estudio semejante, España saldría bastante mal parada.** Parafraseando el título de la novela de Cormac McCarthy: **«Este no es país para autónomos».**

Intentaremos a continuación ofrecer algunos datos que prueban la desventaja de los autónomos españoles frente a las legislaciones de otros países.

El Reino Unido

El Reino Unido es considerado poco menos que un paraíso para el autónomo, y lo cierto es que, comparándolo con España, hay que reconocerle ese estatus. Suponga que llega usted a Inglaterra y desea hacerse autónomo: **no tendrá que rellenar un montón de formularios,**

ni que ir a dos oficinas distintas, y –por supuesto– **no tendrá usted que pagar 300 euros al mes**.

Lo de pagar 10 libras al mes (unos 12 euros) como cuota es cierto en algunos casos, siempre que el trabajador por cuenta propia no vaya a facturar más de 7.000 euros al año. Por encima de estos ingresos puede pagar una cantidad compensatoria para que al final de año no le vengan sustos. Normalmente, se pasa a pagar unos 58 euros, lo cual sigue siendo bastante razonable.

Además, **todos los trámites pueden hacerse cómodamente desde un ordenador** y no hay necesidad de perder tres días sellando papeles. Después, todo irá en función de lo que el autónomo (o su empresa) rinda. Ah, y otra cosa: no hay que pagar IVA. Es decir, que el autónomo no tiene que pensar que cada tres meses le va a caer un martillazo del Estado en el dedo meñique del pie izquierdo. **Los únicos que deben registrarse para pagar el IVA son aquellos que facturen más de 90.000 euros al año: una inmensa mayoría de los autónomos españoles no pagaría IVA en España, si el régimen de autónomos aquí fuese como en Inglaterra**.

▶ Hay más. Y nos lo explica Rober, de primera mano. Rober es batería, autónomo frustrado en España y autónomo feliz en el Reino Unido: «La verdad es que son dos mundos totalmente diferentes.

En España no podía pagar las cuotas mientras que en el Reino Unido es completamente distinto. Cuando llegué me registré en la web y aparte de que era mucho más barato y supercómodo, incluso se me **ofrecía la posibilidad de pedir un pequeño préstamo de mil libras**. Es como capitalizar el paro. En ese mismo momento acuerdas cómo vas a devolverlo, y con eso puedes hacerte tarjetas de visita o promocionarte. La verdad es que si eres *freelance* de lo que sea (como en mi caso, que soy músico) es un sistema que funciona perfectamente y en el que te lo ponen muy fácil. Nada que ver con España».

Cuota fija: 13/58 euros.
Sin declaraciones trimestrales de IVA.
Se paga al final del ciclo fiscal dependiendo de las ganancias.
Puntuación: 8.

Portugal

Nuestros vecinos tampoco son tan complicados como nosotros (ya se ha visto a lo largo y ancho de este libro que somos únicos), y **el autónomo acaba pagando un 24,5% de sus ingresos anuales**. Ni más, ni menos. Aquellos que crean que es mucho, que hagan unos cálculos sobre lo que pagan, sumando cuotas, el IVA trimestral y la declaración de Hacienda. Tenga usted la pastilla y el vaso de agua a mano si decide realizar esta operación y no diga que no le advertimos.

Cuota: ninguna.
No se paga IVA.
Se abonan el 24,5 de los ingresos anuales.
Puntuación: 7.

Holanda

Allí es aún más sencillo: **hay que pagar unos 50 euros al año y la correspondiente declaración de Hacienda**. Eso sí, como pasa en Alemania (lo veremos enseguida) el autónomo está obligado a adquirir un seguro médico y, opcionalmente, otros seguros complementarios. El seguro médico (que se antoja imprescindible) puede costar unos 100 euros mensuales y más adelante (si el autónomo lo desea) puede plantearse otros que cubran su jubilación y demás prestaciones. Ah, y en Holanda podría **registrarse con un solo trámite: una simple firma en un documento que le entregarían en la Cámara de comercio** de su ciudad. *Et voilà*, ya sería usted autónomo.

Cuota: 50 euros anuales.
Hay que pagarse un seguro médico (100 euros mensuales).
Otros seguros son opcionales.
Puntuación: 7.

Francia

Es bastante extraño que se hable tanto del Reino Unido y que –en cambio– no se mencione nunca a Francia, porque señores y señoras, **este es el mejor país para ser autónomo en Europa.** Tal como lo oyen.

Pongamos que es usted autónomo y francés. No es solo que la cuota que ha de pagar se aplique a la actividad que usted desarrolla (un 12% de los ingresos en las actividades comerciales, un 21% en servicios y un 18% en las profesiones liberales) y que no haya cuotas mínimas, sino que durante el primer año no paga usted nada. Así es, durante el segundo año todo se regulariza y paga usted lo que le toque, pero el primer año no hay presión fiscal que valga.

El segundo año, eso sí, puede escoger entre pagar mensual o trimestralmente, y tiene derecho a todo esto: asistencia sanitaria, jubilación, incapacidad temporal y pensiones de viudedad e invalidez.

Recordemos que en España uno empieza a pagar la cuota independientemente de sus ingresos y sigue pagando aunque las cosas le vayan regular, mal o peor.

Las cuotas dependen de la profesión y de las ganancias.
El primer año no se paga NADA.
El autónomo tiene derecho a asistencia sanitaria, jubilación, incapacidad temporal y pensiones de viudedad e invalidez.
Puntuación: 9,5.

Alemania

El ejemplo clásico que expone con vehemencia el tertuliano neoliberal encantado de haberse conocido cuando se le habla del abuso que supone el régimen de trabajadores autónomos en España: «En Alemania es más caro».

Pues no, señor tertuliano, no es más caro. Así es en Alemania (de la web **www.libremercado.com**):

«En Alemania el seguro médico se paga aparte. La diferencia fundamental entre los autónomos españoles y los alemanes radica en el pago del IVA y del IRPF. En España, el IVA se paga trimestralmente mientras que en Alemania se hace de forma mensual. Además, cualquier profesional que gane anualmente menos de 17.500 euros netos (*Kleinunternehmen*) queda exento de pagar *Umsatzseuer* (IVA). Por otro lado, el IRPF es pagado anualmente por el emisor de la factura, directamente en la declaración de la renta».

Ahora bien, hay otro «pequeño» matiz. Si el autónomo en cuestión no alcanza los 1.700 euros netos al mes (netos, al mes), no paga cuota alguna a la Seguridad Social. Es decir, no es que pague menos, es que no paga. Dicho de otra manera: en Alemania **se puede ganar un poco menos de 20.000 euros anuales y pagar solo los 150 euros que cuesta el seguro médico (que no va incluido).** Cierto, los precios no son los mismos en Madrid que en Múnich, pero Berlín es más económico que Barcelona. Así que no, por mucho que algunos/as se empeñen, ni siquiera Alemania está peor que España en asuntos autónomos.

Cuota de 140 euros siempre que se superen los 1.700 euros limpios de ingresos al mes.
Hay que pagar un seguro médico (entre 150 y 200 euros).
Puntuación: 6,5.

Italia

En Italia se paga única y exclusivamente en función de los ingresos. **En el país transalpino los autónomos pagan el 20% de lo que facturan**, lo cual sigue siendo un buen pico, pero esta cuota permite planificarse la vida y –sobre todo– asegura que si los ingresos son bajos, los pagos al Estado también lo serán. Una suerte de relación proporcional entre lo que se gana y lo que se paga, que muchos agradecerían en territorio hispano.

Solo se paga en función de las ganancias (el 20%).
Puntuación: 8.

Y ya por molestar, otro país a años luz del nuestro, esta vez al otro lado del océano:

Estados Unidos

En Estados Unidos es la mar de sencillo hacerse autónomo. Insultantemente sencillo. Se conecta uno a la web que las instituciones locales tienen a disposición y en un cuarto de hora (seamos pesimistas y digamos 20 minutos) ya es autónomo.
No se pagan cuotas, tan solo hay que tener presente que el gobierno se llevará un 15% (y solo un 15% de los ingresos del autónomo). Sin trampa ni cartón.

Eso sí, como sabe, en Estados Unidos hay que hacerse un seguro de salud privado (ojo, que a este ritmo España no va a tardar mucho en implantar la misma política), así que ese gasto hay que tenerlo en cuenta. Sin embargo, el hecho de ser *sole trader* o *sole proprietor* (como se denomina en EE.UU a los empresarios individuales o a los autónomos) ya proporciona ciertos beneficios que se convierten en descuentos cuando uno se agencia un seguro privado. Los estadounidenses –cuando arrancan su carrera laboral– pueden apuntarse al seguro médico (ya existente) de un pariente cercano, que consiguen con una pequeña contribución.

Después de eso, ya pueden ponerse a hacer negocios… quedándose el 85%.

Ya lo saben, amigos/as, el sueño americano. O eso dicen.

No hay cuotas.
Se paga por lo que se produce (un 15%).
15 o 20 minutos para darse de alta.
Hay que hacerse un seguro médico.
Puntuación: 9.

CONCLUYENDO...

No deje que la depresión le asalte, aunque sea difícil encontrar un país donde al autónomo se lo pongan tan difícil como en España. Piense que en las próximas elecciones le volverán a prometer lo de siempre y –como siempre también– volverán a hacer lo mismo que han hecho en anteriores ocasiones.

«¿Autónomos? No recuerdo haber dicho nada de ese tema».

Como máximo implantarán alguna medida de urgencia, o se sacarán de la manga un truco como el de la tarifa plana, o modificarán situaciones que hasta ahora eran fraude de ley (pura y simplemente) para inventarse híbridos donde encajar mejor las cifras, y poder decir así que este país va mejor porque hay más gente trabajando. Que esos trabajadores lo hagan por menos, en peores condiciones y sin ninguna estabilidad no tiene la menor importancia.

«Como son los autónomos, siempre quejándose».

Capítulo 6

TRAMPAS Y TRAMPITAS

LA LEY, ESA SEÑORA DE NEGRO

Hecha la ley, hecha la trampa, acostumbra a decirse. Lo cierto es que la legislación española permite ciertas libertades que aumentan de modo proporcional a los ceros que tenga usted en la cuenta (un día haremos otro libro hablando de las SICAV, sociedades que facturan 1.000 veces lo que un autónomo y pagan 20 veces menos). Obviamente, si está usted leyendo este libro es poco probable que posea una cuenta con muchos ceros, así que le vamos a dar unos cuantos consejos que puede aplicar a su antojo.

Blackie Books y/o el autor de esta guía no se hacen responsables del uso de algunos de estos consejos o de su aplicación irregular. O sea, que haga lo que haga, si le persiguen, no venga a llamar a nuestra puerta: no pensamos abrir.

El primer consejo que vamos a darle es que decida usted si necesita ser autónomo. Para eso hay que tener en cuenta un solo factor:

Los ingresos

Si va usted a ganar 2.000 euros al año, y teniendo en cuenta la cuota mínima que se paga por afiliarse al RETA, es bastante absurdo que se plantee ponerse en manos del régimen autónomo. Tampoco tiene que preocuparse por Hacienda porque no supera la cifra mínima requerida (unos 7.100 euros al año).

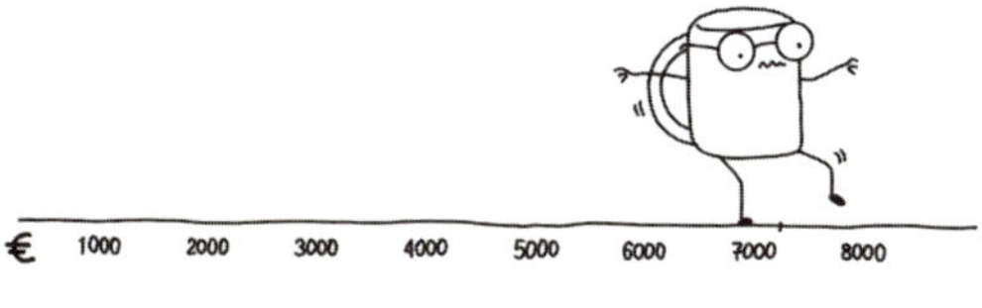

Ojo, no hay una normativa clara sobre este aspecto (no olvide que estamos en un país donde –absolutamente– todo es interpretable) pero, en principio, si no se supera el salario mínimo interprofesional (que ahora llaman «Indicador público de renta de efectos múltiples», por aquello de simplificar las cosas) no es necesario ser autónomo.

Es decir, si gana usted 5.000 euros al año no es necesario que se afilie, pero tiene que tener en cuenta que necesitará hacer declaraciones de sus ingresos y facturar el IVA trimestral (no en todas las actividades).

En muchas ocasiones no se requiere darse de alta, simplemente porque no se llega a la cantidad de ingresos requeridos. Consúltelo.

TRAMPITAS

La casa del terror

Todos los autónomos pasan por periodos delicados en los que pagar la cuota se convierte en un infierno.
Hay algunas opciones para evitar quemarse en las llamas de los números rojos:

▶ Alta, baja, un, dos, tres

Muchos optan por hacer algo que es *alegal* (es decir, que tampoco existe una normativa clara al respecto): agrupar las facturas en determinados periodos y darse de alta y baja cuando llegan estos. Es decir, dos o tres veces al año uno se da de alta, declara todas las facturas y a continuación se da de baja de nuevo.
Para esto hay que contar con el favor de los clientes/proveedores, ya que ellos tienen que permitirle adecuar las fechas de sus facturas a sus necesidades. Hay que tener cuidado con esta táctica (bastante popular) porque si sus facturas no se emiten con la fecha correcta

(y adecuada al periodo) los amiguetes de Hacienda podrían fijarse en usted y eso –créanos– no le gustaría. Es bastante probable que si sus ingresos superan los 10.000 euros Hacienda le pida cuentas, así que ¡ojo!

(Recuerde: sin la complicidad de sus proveedores esta opción no es viable.)

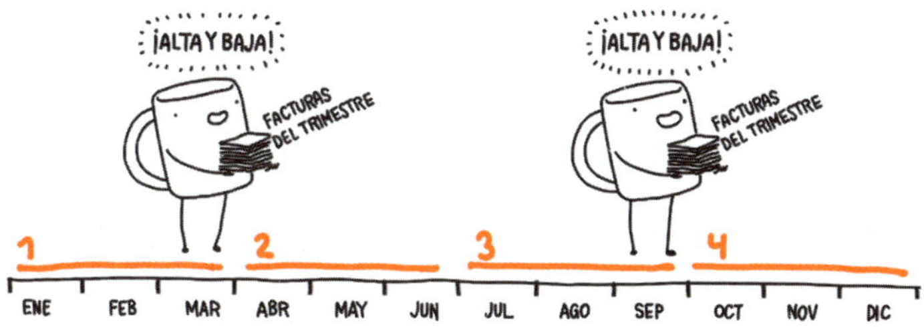

Las cooperativas

En los últimos años han surgido estas agrupaciones a las que uno puede afiliarse y que facturan por usted. Naturalmente (y salvo sanas excepciones) esta posibilidad tiene un coste, que va desde un importe fijo a un porcentaje sobre el montante de la factura.

Puede ser una buena alternativa si facturamos por debajo de los 6.000 euros y encontramos una opción que financieramente nos resulte viable. Muchos músicos –por ejemplo– utilizan este tipo de asociaciones, estructuradas ad hoc para su actividad.

Algunas de estas sociedades incluso adelantan el importe de las facturas, aunque también cobrando (bastante). Si decide optar por adherirse a esta posibilidad no olvide (re)leer la letra pequeña: es básico.

▶ Que le facture un tercero

Muchos autónomos primerizos recurren a algún amigo/familiar/ conocido para facturar.
Es una gran opción si existe la confianza necesaria, teniendo en cuenta que esa persona se hará cargo de sus impuestos y que las facturas que presente como suyas engordarán inevitablemente su declaración de la renta. Obviamente, la cantidad que el autónomo primerizo cobrará llevará –por lógica– descontados los tributos.
Si conoce usted a alguna persona que pueda echarle un cable en ese sentido y sabe que una vez pagada la factura este ayudante no se lavará las manos, no lo dude.

(Lo que intentamos decirle es que se asegure de que una vez que su amigo/familiar/conocido haya cobrado la factura ese pago llegue a usted. Nos explicamos, ¿no?)

▶ Cumplir con el 50% de tus obligaciones

A Hacienda le importa tres pitos que se dé usted de alta como autónomo, eso es cosa de la Seguridad Social. Lo que les importa mucho (pero mucho) es que declare todos sus ingresos, hasta el último céntimo. Así que puede usted hacer la mitad del trabajo y darse de alta solo en Hacienda (en la Guía práctica le enseñamos cómo).
Siempre que las cifras no sean exageradas (es decir, que no cobre mucho dinero) esta medida le ahorrará las multas de Hacienda, que ya es algo. Eso sí, hay que hacer declaraciones trimestrales de IVA, IRPF, etc.

Si ser autónomo es para usted una actividad secundaria y sus ganancias no alcanzan el salario mínimo interprofesional, puede darse de alta solo en Hacienda y es bastante improbable que sufra algún problema.

No hacer nada

Es una opción poco recomendable porque significa que no consta usted en el sistema. Eso significa (entre otras muchas cosas) que **no puede cobrar más de 3.000 euros de un mismo cliente/proveedor,** ya que esto obligaría al proveedor a comunicarlo en Hacienda y le metería en un problema. También significa que no puede emitir facturas, así que debería cobrar todo en negro (en este país es algo común, pero piense que Hacienda se encuentra en estos momentos especialmente voraz –por motivos obvios– y las inspecciones se han convertido en el pan nuestro de cada día).

Está bastante claro que la economía sumergida es un clásico en España, especialmente porque si con un 26% de paro no la hubiera, el país estaría ardiendo por los cuatro costados. Aun así, y sabiendo que cobrar *en B* tiene mucho tirón en la Península Ibérica, no le aconsejamos que entre en esta dinámica a menos que sea completamente imprescindible.

Si lo hace, actúe con discreción y procure tener ingresos bajos. Es la mejor manera de evitarse problemas. En cuanto empiece a irle bien, incorpórese al plano legal. Su vida será más complicada pero dormirá más tranquilo… probablemente.

Para otros trucos necesitará usted a un mago (léase: abogado o gestor) que conozca a la perfección el sistema. Como siempre, le recordamos que cualquier problema fiscal que le sobrevenga lo pagará usted, a menos que convenza a su abogado/gestor para que lo pague él. Si lo consigue, avísenos, que llamaremos al Guiness.

EPÍLOGO

LA PARADOJA HAN SOLO

Reconozcámoslo, todos los autónomos hemos querido ser alguna vez Han Solo (de la misma forma que las autónomas –y otras tantas asalariadas– han querido ser la princesa Leia). El contrabandista más *cool* de la galaxia, el único tipo capaz de llevar un chalequillo negro con dignidad y el hombre llamado a ocupar un puesto importante en la nueva República Intergaláctica.

Desde luego, más allá del atractivo personal que desprende Solo, hay algo fascinante en viajar a la velocidad de la luz en una chatarra voladora acompañado de un felpudo con patas, llevando no se sabe muy bien qué mercancía. En cierto modo, Han Solo es el autónomo del futuro: elegante, flexible, altivo pero justo, en la búsqueda de un proyecto personal que le permita llevar una vida más sosegada.

Es curioso: si en el ataque a la Estrella de la Muerte murieron muchos autónomos (ya lo mencionamos en este libro), no es menos cierto que uno de los líderes del ataque fue también un autónomo: un buen ejemplo de que muchas veces el peor enemigo de un autónomo es un semejante. Ya se sabe, la competencia no respeta ni a Darth Vader.

Sin embargo, si examinamos bien al personaje, veremos que en realidad sí es el perfecto autónomo y no uno al que vayamos a idealizar: su vehículo se pasa una gran parte del tiempo averiado y dándole dolores de cabeza; no tiene mucha pasta así que se ve obligado a tirar de trabajos que en realidad no le importan un pito (como llevar al tal Skywalker a uno de tantos planetas que hay repartidos por el universo); echa de menos la estabilidad y la paga con su pareja, un wookiee, que representa su yo más íntimo (y que también es autónomo, ese ser que emite gruñidos para comunicarse con gran parte de la sociedad) y –finalmente– pasa por trances muy complicados: le persigue un empresario llamado Jabba el Hutt, se queda encerrado en un triturador de basura, su mejor amigo le traiciona, le congelan en carbonita para luego exponerlo en el palacio del empresario y, encima, se queda (temporalmente) ciego.

Vamos, un autónomo de manual

Aunque al final acabe bien (no queda claro que acabar rodeado de ewoks sea acabar bien, pero dejémoslo ahí) el hombre encaja una penuria detrás de otra: el Imperio no le ayuda nada, le persiguen los proveedores, y menos mal que no sabemos las cuotas que paga (seguramente el Imperio debe cobrar incluso más que un 20% de recargo si te retrasas en el pago). Está tan desorientado que hasta llega a aterrizar en el estómago de un monstruo por error.

El caso Solo es lo más cercano que tendremos a una moralina para los autónomos: hacer lo que realmente quieres para ser feliz y que eso que te hace feliz no acabe siendo lo que realmente quieres. Todo por la presión de tus jefes, la estructura de poder que se alza a tu alrededor (y que te considera un 0 en la cadena alimenticia) y tu poca habilidad para gestionar unos negocios que acaban generando más dependencia de la que puedes metabolizar.

Claro, Solo acaba bien, con la mujer que ama (una princesa, nada menos), con una más que probable entrada en política que –posiblemente– le hará rico y con sus mejores amigos intactos. Además, se garantiza una nueva fuente de ingresos pase lo que pase: si a Clinton le dieron 10 millones de dólares por sus memorias imaginemos lo que le podrían dar a él.

Programas de televisión, revistas, hoteles de lujo, estatuas... Así le gustaría acabar a cualquier autónomo si no fuera por un pequeño detalle: es ficción.

Incluso más: ciencia ficción

En el mundo real, Han Solo hubiera cogido artritis reumática crónica en el basurero de la Estrella de la Muerte, Chewbacca y él hubieran acabado peleados, la congelación en carbonita le habría provocado diabetes y la ceguera le hubiera obligado a coger la baja indefinidamente. La princesa se habría largado con Lando Calrisian, los ewoks habrían intentado abusar de él en una de esas cabañas aisladas en mitad del bosque y la Seguridad Social le hubiera confiscado el Halcón Milenario por impago.

Porque la vida, amigos y amigas autónomos/as, no es *La guerra de las galaxias*, y nuestros planes no pueden dejarse a la improvisación total. Lo decíamos hace unas páginas: el autónomo debe tener un plan B y un plan C, simplemente porque le es imposible prever qué pasará mañana, y más le vale estar preparado/a.

A lo largo de este libro hemos intentado explicarle cómo funciona el sistema, cuáles son las trabas que le pondrá y de qué manera puede usted anticiparse a ellas. Ser autónomo es una forma de vida y si el trabajo es importante en la rutina de un asalariado, para un autónomo lo es –casi– todo.

Así que protéjase, no baje la guardia, ahorre siempre que pueda, aliméntese bien (deje de comer tantos bocadillos, caray), beba un poco menos aunque le resulte difícil y recuerde siempre la paradoja Han Solo: ser autónomo puede ser muy divertido y hasta puede que acabe gustándole, pero será mejor que se abroche el cinturón.

No siempre va a poder volar a la velocidad de la luz.

PONTE A PRUEBA

¿Has aprendido algo con este libro?

1) **¿Se puede facturar sin ser autónomo?**

- Si
- No
- Solo en febrero

2) **¿Cuál es el documento básico para autónomos?**

- El TA0521
- El carnet de conducir
- Un cupón del Carrefour

3) **¿Cuál es la cuota mínima que hay que pagar?**

- Menos de 300 euros
- Más de 300 euros
- No se paga nada

4) **¿Qué dos organismos regulan a los autónomos?**

- Seguridad Social y Hacienda
- Seguridad Social y el Ministerio de Cultura
- A los autónomos no los regula nadie

5) **¿A partir de qué cantidad de ingresos anuales debe usted –por *ojones– hacerse autónomo?**

- A partir de 7.000 euros
- A partir de 5.000 euros
- A partir de 3.000 euros

6) **¿Cuánto paga un autónomo en el Reino Unido?**

- Unas 10 libras al mes
- Unas 50 libras al mes
- Los autónomos no pagan en el Reino Unido

7) ¿Qué es imprescindible poner en las facturas?

- Concepto, nombre y apellidos, NIF, nombre del cliente/proveedor, modo de pago
- Nombre y apellidos, número de cuenta, estado civil
- Concepto, nombre de soltero, saldo en la cuenta corriente

8) ¿Cada cuándo se realizan los pagos de IVA?

- Cada dos meses
- Cada tres meses
- Cada día

9) ¿De qué depende el porcentaje de IVA que tengo que declarar?

- Del formulario que haya rellenado
- Del tiempo, si llueve es más alto
- Del epígrafe profesional donde me haya inscrito

10) ¿Qué pasa si no pago a tiempo mi cuota de autónomos?

- Un señor de la Seguridad Social viene a mi casa y me abraza
- Me cobran un suplemento de 10 euros
- Tengo que pagarlo con un 20% de interés

11) ¿Cuánto se paga los primeros seis meses con la tarifa plana de autónomos?

- 500 euros
- 7 euros
- 50 euros

12) ¿Quién es tu mejor amigo si eres autónomo?

- Hacienda
- Tu perro
- Una planificación precisa y muy específica

13) ¿Qué hacer si no te pagan una factura?

- Comprar gasolina y ganchitos
- Reclamar por correo electrónico, teléfono y de forma presencial, sin perder los nervios
- Hacerse con un arma

14) ¿Cuánto tarda de media una institución pública en abonar una factura en España?

- Cuatro meses y medio
- Una semana
- Una eternidad

15) ¿Qué es importante tener en cuenta a la hora de presentar una factura a un cliente?

- Si conoce a mis padres
- El plazo de pago y que todos los datos estén correctos
- Que el cliente esté vivo

16) ¿Es legal que me facture un tercero?

- Más bien alegal
- Siempre que sea un primo o sobrino sí
- Se persigue con la cárcel

17) ¿Es legal que te contraten y te obliguen a ser autónomo?

- No
- Sí
- La madre que los parió

18) ¿Qué es un autónomo dependiente?

- Alguien que depende de un autónomo
- Alguien que factura más del 70% de su trabajo a un mismo proveedor
- Alguien que ha bebido demasiado

19) ¿Qué hago si no encajo en ninguno de los epígrafes profesionales?

- Renunciar a ser autónomo
- Buscar una categoría que se aproxime o en la que puedas encajar
- Inventarme uno

20) ¿Qué es lo mejor de ser autónomo?

- La mala hostia que te entra
- Poder declarar el IVA con alegría
- Este libro

21) ¿Qué hay que hacer para darse de alta en el RETA?

- IAE, epígrafe, 036, TA0521
- Ir a Hacienda y bailar el twerking
- ¿El qué?

22) ¿Qué derechos tiene un autónomo?

- Los que pueda pagar, incluido el desempleo y la posibilidad de cobrar por la baja
- Ninguno
- Pagar y callar

23) ¿Cuáles acostumbran a ser los peores meses para un autónomo?

- Todos
- Enero y agosto
- Los febreros de 29 días

24) ¿Cuál debe ser la prioridad de un autónomo?

- Ahorrar
- Sobrevivir
- Hacerse rico
- Todas las anteriores

25) Teniendo en cuenta que la base de cotización del 80% de los autónomos es la mínima, ¿qué medidas tomaría?

- Un plan de pensiones privado
- Una fiesta en la playa
- Hacer una maleta ligera y huir a Marruecos

Respuestas

1) Sí; **2)** El TA0521; **3)** Menos de 300 euros; **4)**Seguridad Social y Hacienda; **5)** A partir de 7.000 euros; **6)** Unas 10 libras al mes; **7)** Concepto, nombre y apellidos, NIF, nombre del cliente/proveedor, modo de pago; **8)** Cada tres meses; **9)** Del epígrafe profesional donde me haya inscrito;
10) Tengo que pagarlo con un 20% de interés; **11)** 50 euros; **12)** Una planificación precisa y muy específica; **13)** Reclamar por correo electrónico, teléfono y de forma presencial, sin perder los nervios;
14) Cuatro meses y medio; **15)** El plazo de pago y que todos los datos estén correctos;
16) Más bien alegal; **17)** Sí; **18)** Alguien que factura más del 70% de su trabajo a un mismo proveedor; **19)** Buscar una categoría que se aproxime o en la que puedas encajar; **20)** Este libro;
21) IAE, epígrafe, 036, TA0521; **22)** Los que pueda pagar, incluido el desempleo y la posibilidad de cobrar por la baja; **23)** Enero y agosto; **24)** Todas las anteriores; **25)** Un plan de pensiones privado.

MODELOS

MINISTERIO DE EMPLEO Y SEGURIDAD SOCIAL

TESORERÍA GENERAL DE LA SEGURIDAD SOCIAL

TA.0521/1 (Hoja 1/2)

Registro de presentación | Registro de entrada

SOLICITUD SIMPLIFICADA DE: ALTA, BAJA O VARIACIÓN DE DATOS EN EL RÉGIMEN ESPECIAL DE AUTÓNOMOS

1. DATOS DEL SOLICITANTE

1.1 PRIMER APELLIDO | SEGUNDO APELLIDO | NOMBRE | 1.2 NÚMERO DE SEGURIDAD SOCIAL

FECHA DE NACIMIENTO: Día | Mes | Año — 1.3 GRADO DE DISCAPACIDAD — 1.4 TIPO DE DOCUMENTO IDENTIFICATIVO: D.N.I.: | TARJETA DE EXTRANJERO: | PASAPORTE: — 1.5 Nº DE DOCUMENTO IDENTIFICATIVO

1.6 DOMICILIO: TIPO DE VÍA | NOMBRE DE LA VÍA PÚBLICA | BLOQUE | NÚM. | BIS | ESCAL. | PISO | PUERTA | CÓD. POSTAL

MUNICIPIO/ENTIDAD DE AMBITO TERRITORIAL INFERIOR AL MUNICIPIO | PROVINCIA

1.7 DATOS TELEMÁTICOS: CORREO ELECTRÓNICO

ACEPTO ENVÍO COMUNICACIONES INFORMATIVAS DE LA SEGURIDAD SOCIAL SI NO TELÉFONO MÓVIL

2. DATOS RELATIVOS A LA SOLICITUD (Marque con "X" la opción correcta)

ALTA | BAJA | VARIACIÓN DE DATOS | FECHA DE INICIO/CESE/VARIACIÓN DE DATOS: Día | Mes | Año

2.1 CAUSA DE LA BAJA / VARIACIÓN DE DATOS | 2.2 D.N.I./N.S.S/C.I.F. o C.C.C. DEL SUCESOR/A DE LA ACTIVIDAD

A esta solicitud se acompañan los siguientes documentos:

3. DATOS RELATIVOS A LA ACTIVIDAD PROFESIONAL

3.1 ACTIVIDAD ECONÓMICA - COLEGIO PROFESIONAL | 3.2 I.A.E. | CNAE 2009

3.3 NOMBRE COMERCIAL

3.4 DOMICILIO: TIPO DE VÍA | NOMBRE DE LA VÍA PÚBLICA | BLOQUE | NÚM. | BIS | ESCAL. | PISO | PUERTA | CÓD. POSTAL

MUNICIPIO / ENTIDAD DE ÁMBITO TERRITORIAL INFERIOR AL MUNICIPIO | PROVINCIA | TELÉFONO

3.5 MARQUE CON "X" SI ESTA INCLUIDO EN ALGUNO DE LOS SIGUIENTES SUPUESTOS

MUJER REINCORPORADA AL TRABAJO, DESPUÉS DE MATERNIDAD | VENTA AMBULANTE | TRABAJADOR DE TEMPORADA (FECHA PREVISTA CESE ACTIVIDAD):

AUTÓNOMO INTEGRADO EN UN COLEGIO PROFESIONAL | NOTARIO

4. OPCIÓN RESPECTO DE LA BASE DE COTIZACIÓN, DE LAS CONTINGENCIAS PROFESIONALES Y DE LA MUTUA DE A.T. Y E.P.

IMPORTANTE: CUMPLIMENTAR EN LA SIGUIENTE HOJA

5.1 DATOS RELATIVOS AL REPRESENTANTE

NOMBRE Y APELLIDOS O RAZÓN SOCIAL

Nº DE DOCUMENTO IDENTIFICATIVO | NÚMERO DE SEGURIDAD SOCIAL

5.2 DATOS RELATIVOS AL AUTORIZADO DEL SISTEMA RED

NOMBRE Y APELLIDOS O RAZÓN SOCIAL

NÚMERO DE LA AUTORIZACIÓN

6. A EFECTOS DE NOTIFICACIONES SEÑALA COMO DOMICILIO PREFERENTE (Marque con una "X" la opción correcta)

DOMICILIO DEL SOLICITANTE (APARTADO 1.6) | DOMICILIO DE LA ACTIVIDAD PROFESIONAL (APARTADO 3.4) | OTRO DOMICILIO (ANOTAR EN LA SIGUIENTE HOJA)

7. DATOS PARA LA DOMICILIACIÓN DEL PAGO DE CUOTAS

CÓDIGO INTERNACIONAL CUENTA BANCARIA (IBAN)

DOCUMENTO IDENTIFICATIVO DEL TITULAR DE LA CUENTA DE ADEUDO — TIPO DE DOCUMENTO IDENTIFICATIVO: D.N.I.: | C.I.F.: | TARJETA EXTRANJERO: | PASPRT: — Nº DE DOCUMENTO IDENTIFICATIVO

FIRMA DEL TRABAJADOR/A	FIRMA Y SELLO DEL REPRESENTANTE	DILIGENCIA DE NOTIFICACIÓN DE LA SUBSANACIÓN Y MEJORA DE LA SOLICITUD	DILIGENCIA DE NOTIFICACIÓN DE LA RESOLUCIÓN
		Fecha: D.N.I.: FIRMA:	BOLETINES DE COTIZACIÓN RECIBIDOS: DE A Fecha: D.N.I.: FIRMA:

SUBSANACIÓN Y/O MEJORA REQUERIDA

ÓRGANO AL QUE SE DIRIGE LA SOLICITUD: DIRECCIÓN PROVINCIAL O ADMINISTRACIÓN DE LA T. G. S. S.:

ADVERTENCIA: En las Comunidades Autónomas con lengua cooficial, existe a su disposición este impreso redactado en lengua vernácula.

TA.0521/1 (Hoja 1/2) (03-06-2014)

Modelo TA0521

MINISTERIO
DE EMPLEO
Y SEGURIDAD SOCIAL

TESORERÍA GENERAL
DE LA SEGURIDAD SOCIAL

TA.0521/1 (Hoja 1/2)

Registro de presentación

Registro de entrada

DATOS DEL SOLICITANTE

NOMBRE Y APELLIDOS	NÚMERO DE DOCUMENTO IDENTIFICATIVO	NÚMERO DE SEGURIDAD SOCIAL (N.S.S.)

OPCIONES

4.1. OPCIÓN RESPECTO DE LA BASE DE COTIZACIÓN

BASE MÍNIMA ☐ BASE MÁXIMA ☐ OTRA BASE ☐

☐ SOLICITA el INCREMENTO automático de la Base de Cotización en el mismo porcentaje en que se incremente la Base Máxima de Cotización del Régimen Especial.

4.2. MUTUA DE COBERTURA DE INCAPACIDAD TEMPORAL DERIVADA DE CONTINGENCIAS COMUNES

MUTUA Nº ☐ DE A.T. y E.P. ☐

4.3. OPCIÓN RESPECTO DE LA COBERTURA DE LAS CONTINGENCIAS PROFESIONALES [ACCIDENTES DE TRABAJO Y ENFERMEDADES PROFESIONALES]

SOLICITA (Marque con una "X" lo que proceda):

☐ **ACOGERSE** a la cobertura de las contingencias profesionales

☐ **RENUNCIAR** a la cobertura de las contingencias profesionales

4.4. OPCIÓN RESPECTO DE LA INCAPACIDAD TEMPORAL EN SITUACIÓN DE PLURIACTIVIDAD

SOLICITA (Marque con una "X" lo que proceda):

☐ **ACOGERSE** a la cobertura de la Incapacidad Temporal

☐ **NO ACOGERSE** a la cobertura de la Incapacidad Temporal

6. A EFECTOS DE NOTIFICACIONES SEÑALA COMO DOMICILIO PREFERENTE UN DOMICILIO DISTINTO DEL DE RESIDENCIA O DEL DE LA ACTIVIDAD ECONÓMICA

DOMICILIO

TIPO DE VÍA	NOMBRE DE LA VÍA PÚBLICA	BLOQUE	NÚM.	BIS	ESCAL.	PISO	PUERTA	CÓD. POSTAL

MUNICIPIO / ENTIDAD DE ÁMBITO TERRITORIAL INFERIOR AL MUNICIPIO	PROVINCIA	TELÉFONO

APARTADO DE CORREOS

ADVERTENCIA:
En las Comunidades Autónomas con lengua cooficial, existe a su disposición este impreso redactado en lengua vernácula.

TA.0521/1 (Hoja 2/2)
(03-06-2014)

FIRMA DEL TRABAJADOR/A

MINISTERIO DE EMPLEO Y SEGURIDAD SOCIAL

TESORERÍA GENERAL DE LA SEGURIDAD SOCIAL

RESGUARDO DE SOLICITUD SIMPLIFICADA DE ALTA, BAJA O VARIACIÓN DE DATOS EN EL RÉGIMEN ESPECIAL DE AUTÓNOMOS (TA.0521/1)

Con la fecha que se indica en este documento ha tenido entrada, en el registro de esta Dirección Provincial o Administración de la Seguridad Social, la solicitud cuyos datos figuran a continuación:

DATOS DEL TRABAJADOR/A

APELLIDOS Y NOMBRE

Nº DE SEGURIDAD SOCIAL

Nº DE DOCUMENTO IDENTIFICATIVO

ALTA | BAJA | VARIACIÓN DE DATOS

FECHA DE ALTA/BAJA/VARIACIÓN DE DATOS: Día | Mes | Año

DATO DEL QUE SE SOLICITA LA VARIACIÓN

TA.0521/1 (Resguardo) *(03-06-2014)*

Registro de entrada

PLAZO DE RESOLUCIÓN: El plazo máximo para dictar y notificar la resolución sobre la presente solicitud será de cuarenta y cinco días contados a partir de la fecha de su entrada en el registro de la Dirección Provincial de la Tesorería General de la Seguridad Social o Administración de la Seguridad Social competente para su tramitación. El plazo indicado podrá ser suspendido cuando deba requerirse la subsanación de deficiencias y la aportación de documentos y otros elementos de juicio necesarios, así como en el resto de los supuestos del art. 42.5 de la Ley 30/1992, de 26 de noviembre, de Régimen Jurídico de las Administraciones Públicas y del Procedimiento Administrativo Común. Transcurrido el citado plazo sin que recaiga resolución expresa, la solicitud podrá entenderse estimada, lo que se comunica a efectos de lo establecido en el artículo 42.4 de la Ley 30/1992.

MINISTERIO DE EMPLEO Y SEGURIDAD SOCIAL

TESORERÍA GENERAL DE LA SEGURIDAD SOCIAL

SUBSANACIÓN Y/O MEJORA DE LA SOLICITUD SIMPLIFICADA DE ALTA, BAJA O VARIACIÓN DE DATOS EN EL RÉGIMEN ESPECIAL DE AUTÓNOMOS (TA.0521/1)

La solicitud de alta, baja o variación de datos del trabajador/a por cuenta propia, cuyos datos figuran a continuación, no reúne los requisitos establecidos por el artículo 70 de la Ley 30/1992, de 26 de noviembre, de Régimen Jurídico de las Administraciones Públicas y del Procedimiento Administrativo Común, y/o los establecidos en el Reglamento General aprobado por Real Decreto 84/1996, de 26 de enero, por lo que no se puede dictar resolución expresa en el mismo acto de la presentación de la solicitud.

DATOS DEL TRABAJADOR/A

APELLIDOS Y NOMBRE

Nº DE SEGURIDAD SOCIAL

Nº DE DOCUMENTO IDENTIFICATIVO

ALTA | BAJA | VARIACIÓN DE DATOS

FECHA DE ALTA/BAJA/VARIACIÓN DE DATOS: Día | Mes | Año

DATO DEL QUE SE SOLICITA LA VARIACIÓN

De conformidad con lo establecido en el art. 71 de la Ley 30/1992, en un plazo de DIEZ DÍAS, el solicitante deberá subsanar la falta que se indica y/o acompañar los documentos que se relacionan.

Si no se subsanara la falta o no se entregasen los documentos solicitados, se le tendrá por desistido de su petición, dictándose la correspondiente resolución, notificándose a la Inspección de Trabajo y Seguridad Social a los efectos pertinentes.

TA.0521/1 (Subsanación) *(03-06-2014)*

Registro de salida

PLAZO DE RESOLUCIÓN: El plazo máximo para dictar y notificar la resolución sobre la presente solicitud será de cuarenta y cinco días contados a partir de la fecha de su entrada en el registro de la Dirección Provincial de la Tesorería General de la Seguridad Social o Administración de la Seguridad Social competente para su tramitación. El plazo indicado podrá ser suspendido cuando deba requerirse la subsanación de deficiencias y la aportación de documentos y otros elementos de juicio necesarios, así como en el resto de los supuestos del art. 42.5 de la Ley 30/1992, de 26 de noviembre, de Régimen Jurídico de las Administraciones Públicas y del Procedimiento Administrativo Común. Transcurrido el citado plazo sin que recaiga resolución expresa, la solicitud podrá entenderse estimada, lo que se comunica a efectos de lo establecido en el artículo 42.4 de la Ley 30/1992.

MINISTERIO DE ECONOMÍA Y HACIENDA

Agencia Tributaria

Teléfono: 901 33 55 33
www.agenciatributaria.es

DECLARACIÓN CENSAL SIMPLIFICADA

de alta, modificación y baja en el Censo de Empresarios, Profesionales y Retenedores

Pág. 1

Modelo **037**

Castellano | Català | Galego | Valencià

Datos identificativos

Espacio reservado para la etiqueta identificativa.

101 N.I.F.

102 Apellidos y nombre

037755440497 2

1. CAUSAS DE PRESENTACIÓN

A) Alta

111 ☐ Alta en el censo de empresarios, profesionales y retenedores

B) Modificación

122 ☐ Modificación domicilio fiscal. (página 1)

124 ☐ Modificación domicilio a efectos de notificaciones. (página 1)

125 ☐ Modificación otros datos identificativos. (página 1)

127 ☐ Modificación datos relativos a actividades económicas y locales. (página 3)

131 ☐ Modificación datos relativos al Impuesto sobre el Valor Añadido. (página 2)

132 ☐ Modificación datos relativos al Impuesto sobre la Renta de las Personas Físicas. (página 2)

136 ☐ Modificación datos relativos a retenciones e ingresos a cuenta. (página 3)

C) Baja

150 ☐ Baja en el censo de empresarios, profesionales y retenedores.

151 Causa

152 Fecha efectiva de la baja __/__/____

2. IDENTIFICACIÓN

Identificación

A4 N.I.F. | A5 Apellido 1 | A6 Apellido 2 | A7 Nombre | A8 Nombre comercial

Domicilio fiscal en España

A11 Tipo de vía | A12 Nombre de la vía pública | A13 Tipo Num. | A14 Núm. casa | A15 Calif. nu | A16 Bloque | A17 Portal | A18 Escal. | A19 Planta | A20 Puerta

A21 Complemento domicilio (ej: Urbanización..., Polígono Industrial..., C.Comercial...) | A22 Localidad / Población (si es distinta de Municipio) | A29 e-mail

A23 C. Postal | A24 Nombre del Municipio | A25 Provincia | A26 Tfno. Fijo | A27 Tfno. Móvil | A28 Núm. de FAX

Domicilio a efectos de notificaciones (si es distinto del fiscal, cumplimente el apartado 1 ó el 2 según estime oportuno)

1) A41 Tipo de vía | A42 Nombre de la vía pública | A43 Tipo Num. | A44 Núm. casa | A45 Calif. nu | A46 Bloque | A47 Portal | A48 Escal. | A49 Planta | A50 Puerta

A51 Complemento domicilio (ej: Urbanización..., Polígono Industrial..., C.Comercial...) | A52 Localidad / Población (si es distinta de Municipio) | A70 e-mail

A53 C. Postal | A54 Nombre del Municipio | A55 Provincia | A56 Tfno. Fijo | A57 Tfno. Móvil | A58 Núm. de FAX

A59 Destinatario (si es distinto del declarante) | A60 En calidad de: (representante, apoderado, familiar, etc...)

2) A61 APARTADO DE CORREOS NÚMERO: | A62 Población / Ciudad

A63 C. Postal | A64 Provincia | A65 Tfno. Fijo | A66 Tfno. Móvil | A67 Núm. de FAX

A68 Destinatario (si es distinto del declarante) | A69 En calidad de: (representante, apoderado, familiar, etc...)

Ver. 1.0/2010 Castellano | Català | Galego | Valencià

Ejemplar para la Administración

Modelo 037

N.I.F.	Apellidos y nombre	Pág. 2

037755440497 2 — Hoja .../...

3. IMPUESTO SOBRE LA RENTA DE LAS PERSONA FÍSICAS.

		Alta	Baja		Fecha
Obligación de realizar pagos fraccionados a cuenta del I.R.P.F. derivados del desarrollo de actividades económicas propias	600			602	
Obligación de realizar pagos fraccionados a cuenta del I.R.P.F. derivados de su condición de miembro de una entidad en régimen de atribución de rentas	601			603	

Método de estimación en el I.R.P.F.:

	Inclusión	Renuncia	Revocación	Exclusión	Baja	Fecha
- Estimación objetiva	604	605 (1)	606	607 (1)	615	616
- Estimación directa: normal	608				617	618
simplificada	609	610 (2)	611	612	619	650

(1) Si determinaba el rendimiento neto de sus actividades económicas por el método de estimación objetiva y ha iniciado durante el año alguna actividad económica no incluida o por la que se renuncie a dicho método, marcando la casilla [605] ó [607], indique el grupo o epígrafe/sección de I.A.E. o el código de aquéllas actividades, a las que continuará aplicando el método de estimación objetiva hasta el final del período impositivo.

613

(2) Si determinaba el rendimiento neto de sus actividades económicas por la modalidad simplificada del método de estimación directa y ha iniciado durante el año alguna actividad económica por la que haya renunciado a esta modalidad, marcando la casilla [610], indique el grupo o epígrafe/sección de I.A.E. o el código de aquéllas actividades, a las que continuará aplicando la modalidad simplificada hasta el final del período impositivo.

614

4. IMPUESTO SOBRE EL VALOR AÑADIDO

A) Información obligaciones

	SÍ	NO
501 ¿Realiza exclusivamente operaciones no sujetas o exentas que no obligan a presentar autoliquidación periódica (art. 20 y 26 Ley IVA)?		

B) Inicio de actividad

			Fecha
502	Comunicación de inicio de actividad. Entregas de bienes o prestaciones de servicios previa o simultánea a adquisición de bienes o servicios.	503	
504	Comunicación de inicio de actividad. Entregas de bienes o prestaciones de servicios posterior a adquisición de bienes o servicios.	505	
506	Comunicación de inicio de nueva actividad que constituya sector diferenciado con comienzo de entregas de bienes o prestaciones de servicios posterior a adquisición de bienes o servicios destinados al desarrollo de la misma.	507	
508	Comunicación de comienzo habitual de entregas de bienes o prestaciones de servicios (habiendo marcado la casilla [504] o la casilla [506] en una declaración censal presentada anteriormente).	509	

C) Regímenes aplicables

Identifique la actividad o actividades incluidas en cada régimen:

Alta	Baja		Grupo o epígrafe/ sección I.A.E. o código de actividad	Fecha
510		General	511	512
514		Régimen especial recargo de equivalencia	515	516
		Régimen especial agricultura, ganadería y pesca		
	534	Incluido	535	536
	538	Excluido	539	540
	542	Renuncia	543	544
	546	Revocación	547	548
	570	Baja	571	572
		Régimen especial simplificado		
	550	Incluido	551	552
	554	Excluido	555	556
	558	Renuncia	559	560
	562	Revocación	563	564
	566	Baja	567	568

E) Deducciones

586 Propone porcentaje provisional de deducción, a efectos del artículo 111.dos de la L.I.V.A.: %

Sectores diferenciados y prorrata especial:

				Opción prorrata especial SÍ	NO
No tiene sectores diferenciados				587	
Sí tiene sectores diferenciados:	Código C.N.A.E.	Código C.N.A.E.	Código C.N.A.E.		
Sector I, actividades comprendidas:	588	589	590	591	
Sector II, actividades comprendidas:	592	593	594	595	
Sector III, actividades comprendidas:	596	597	598	599	

Ver. 1.0/2010

Ejemplar para la Administración

Modelo 037

N.I.F. | Apellidos y nombre

Pág. 3

037755440497 2

Hoja .../...

5. RETENCIONES E INGRESOS A CUENTA

		Alta	Baja		Fecha
Obligación de realizar retenciones o ingresos a cuenta sobre rendimientos del trabajo personal (modelo 110)	700			720	
Obligación de realizar retenciones o ingresos a cuenta sobre rendimientos de actividades profesionales, agrícolas, ganaderas, forestales u otras actividades económicas, premios, determinadas imputaciones de renta o determinadas ganancias patrimoniales (modelo 110)	701			721	
Obligación de realizar retenciones o ingresos a cuenta sobre rendimientos procedentes del arrendamiento o subarrendamiento de inmuebles urbanos (modelo 115)	702			722	

6. DECLARACIÓN DE ACTIVIDADES ECONÓMICAS Y LOCALES

A) Actividad

400 Descripción de la actividad | 402 Grupo o epígrafe/sección I.A.E. | 403 Tipo de actividad | 404 Código de actividad

B) Lugar de realización de la actividad

La actividad se desarrolla fuera de un local determinado

Causa de presentación 405 Alta | 406 Fecha | 407 N.º referencia

408 Baja | 409 Fecha | 410 N.º referencia

Indique el municipio en el que desarrolla, fundamentalmente, su actividad económica:

411 Municipio | Cód. Municipal | Provincia | Cód. Provincia

La actividad se desarrolla en local determinado (locales directamente afectos a la actividad)

LOCAL Número .../... 412 Referencia Catastral

413 S.G. | 414 Nombre de la vía pública | 415 Núm. | 416 Piso | 417 Prta. | 418 Código Postal

419 Municipio | Cód. Municipal | 420 Provincia | Cód. Provincia | 421 Comunidad Autónoma

422 Superficie (m²) | 423 Grado de afec. %

Causa de presentación 424 Alta | 425 Fecha | 426 N.º referencia

427 Baja | 428 Fecha | 429 N.º referencia alta

430 Variación | 431 Fecha | 432 N.º referencia alta

Locales indirectamente afectos a la actividad (almacenes, depósitos, centros dirección, ...)

LOCAL Número .../... 433 Referencia Catastral

434 S.G. | 435 Nombre de la vía pública | 436 Núm. | 437 Piso | 438 Prta. | 439 Código Postal

440 Municipio | Cód. Municipal | 441 Provincia | Cód. Provincia | 442 Comunidad Autónoma

443 Superficie (m²) | 444 Grado de afec. % | 445 Uso o destino | 446 Siglas

Causa de presentación 447 Alta | 448 Fecha | 449 N.º referencia

450 Baja | 451 Fecha | 452 N.º referencia alta

453 Variación | 454 Fecha | 455 N.º referencia alta

LUGAR, FECHA Y FIRMA

Lugar

Fecha

Firma en calidad de

Firma

Firmado D./Dª.:

Ver. 1.0/2010

Ejemplar para la Administración

Agencia Tributaria

Teléfono: 901 33 55 33
www.agenciatributaria.es

Impuesto sobre el Valor Añadido

Autoliquidación

Modelo 303

Identificación (1)

Devengo (2) Ejercicio ☐☐☐☐ Período ☐☐

NIF ☐ Apellidos y Nombre o Razón social ☐

Espacio reservado para numeración por código de barras

	SI	NO
¿Está inscrito en el Registro de devolución mensual (Art. 30 RIVA)?	☐	☐
¿Tributa exclusivamente en régimen simplificado?	☐	☐
¿Es autoliquidación conjunta?	☐	☐
¿Ha sido declarado en concurso de acreedores en el presente período de liquidación?	☐	☐
¿Ha optado por el régimen especial del criterio de Caja (art. 163 undecies LIVA)?	☐	☐
¿Es destinatario de operaciones a las que se aplique el régimen especial del criterio de caja?	☐	☐
Opción por la aplicación de la prorrata especial (artículo 103.Dos.1º LIVA)	☐	
Revocación de la opción por la aplicación de la prorrata especial (artículo 103.Dos.1º LIVA)	☐	

Fecha en que se dictó el auto de declaración de concurso .... Día ☐☐ Mes ☐☐ Año ☐☐☐☐

Si se ha dictado auto de declaración de concurso en este período indique el tipo de autoliquidación .... Preconcursal ☐ Postconcursal ☐

Liquidación (3)

Régimen general

IVA devengado

	Base imponible		Tipo %		Cuota	
Régimen general	01		02		03	
	04		05		06	
	07		08		09	
Adquisiciones intracomunitarias de bienes y servicios	10				11	
Otras operaciones con inversión del sujeto pasivo (excepto. adq. intracom)	12				13	
Modificación bases y cuotas	14				15	
Recargo equivalencia	16		17		18	
	19		20		21	
	22		23		24	
Modificaciones bases y cuotas del recargo de equivalencia	25				26	
Total cuota devengada ([03] + [06] + [09] + [11] + [13] + [15] + [18] + [21] + [24] + [26])...					27	

IVA deducible

	Base		Cuota	
Por cuotas soportadas en operaciones interiores corrientes	28		29	
Por cuotas soportadas en operaciones interiores con bienes de inversión	30		31	
Por cuotas soportadas en las importaciones de bienes corrientes	32		33	
Por cuotas soportadas en las importaciones de bienes de inversión	34		35	
En adquisiciones intracomunitarias de bienes y servicios corrientes	36		37	
En adquisiciones intracomunitarias de bienes de inversión	38		39	
Rectificación de deducciones	40		41	
Compensaciones Régimen Especial A.G. y P.			42	
Regularización bienes de inversión			43	
Regularización por aplicación del porcentaje definitivo de prorrata			44	
Total a deducir ([29] + [31] + [33] + [35] + [37] + [39] + [41] + [42] + [43] + [44])			45	

Resultado régimen general ([27] - [45])	46	

Modelo 303

Agencia Tributaria
Teléfono: 901 33 55 33
www.agenciatributaria.es

Impuesto sobre el Valor Añadido. Autoliquidación

Página 2
Modelo
303

NIF | Apellidos y Nombre o Razón social

Régimen simplificado

A Actividades agrícolas, ganaderas y forestales

Actividad A_1

Código | Volumen ingresos | Índice cuota | Cuota devengada

1T, 2T, 3T: Porcentaje ingreso a cuenta % | Ingreso a cuenta A

4T: Cuota soportada operaciones corrientes | Cuota anual derivada del Régimen simplificado B

Actividad A_2

Código | Volumen ingresos | Índice cuota | Cuota devengada

1T, 2T, 3T: Porcentaje ingreso a cuenta % | Ingreso a cuenta A

4T: Cuota soportada operaciones corrientes | Cuota anual derivada del Régimen simplificado B

B Actividades en régimen simplificado (excepto agrícolas, ganaderas y forestales)

Actividad B_1 Epígrafe IAE

	Nº unidades de módulo	Importe
Módulo 1		
Módulo 2		
Módulo 3		
Módulo 4		
Módulo 5		
Módulo 6		
Módulo 7		

Cuota devengada operaciones corrientes C
Reducciones ..... D

1T, 2T, 3T:
Índice corrector de actividades de temporada ..... Z
Porcentaje ingreso a cuenta..... E %
Ingreso a cuenta* ([C] - [D]) x [E]..... F
* Ver instrucciones para actividades de temporada y accesorias

Actividad B_2 Epígrafe IAE

	Nº unidades de módulo	Importe
Módulo 1		
Módulo 2		
Módulo 3		
Módulo 4		
Módulo 5		
Módulo 6		
Módulo 7		

Cuota devengada operaciones corrientes C
Reducciones ..... D

1T, 2T, 3T:
Índice corrector de actividades de temporada ..... Z
Porcentaje ingreso a cuenta..... E %
Ingreso a cuenta* ([C] - [D]) x [E]..... F
* Ver instrucciones para actividades de temporada y accesorias

Suma de ingresos a cuenta del conjunto de actividades ($A_1 + A_2 + A_3 + ... + F_1 + F_2 + F_3 + ...$) 47

4T (Actividad B_1):
Cuotas soportadas operaciones corrientes ..... G
Índice corrector de actividades de temporada ..... H
RESULTADO ([C] - [D] - [G]) x [H]..... I
Porcentaje cuota mínima..... J %
Devolución cuotas soportadas otros países..... K
Cuota mínima..... L
Cuota anual derivada régimen simplificado..... M

4T (Actividad B_2):
Cuotas soportadas operaciones corrientes ..... G
Índice corrector de actividades de temporada ..... H
RESULTADO ([C] - [D] - [G]) x [H]..... I
Porcentaje cuota mínima..... J %
Devolución cuotas soportadas otros países..... K
Cuota mínima..... L
Cuota anual derivada régimen simplificado..... M

Actividades A + B:
Suma de cuotas derivadas régimen simplificado del conjunto de actividades ($B_1 + B_2 + ... + M_1 + M_2 + ...$) 48
Suma de ingresos a cuenta realizados en el ejercicio 49
Resultado ([48] - [49]) 50

Cuotas devengadas

Adquisiciones intracomunitarias de bienes..... 51
Entregas de activos fijos..... 52
IVA devengado por inversión del sujeto pasivo..... 53
Total cuota resultante: Si 1T, 2T, 3T: ([47] + [51] + [52] + [53])..... Si 4T: ([50] + [51] + [52] + [53])..... 54

IVA deducible

Adquisición o importación de activos fijos 55
Regularización bienes de inversión 56
Total IVA deducible ([55] + [56])..... 57

Resultado régimen simplificado ([54] - [57])..... 58

Agencia Tributaria
Teléfono: 901 33 55 33
www.agenciatributaria.es

Impuesto sobre el Valor Añadido. Autoliquidación

Página 3
Modelo **303**

NIF | Apellidos y Nombre o Razón social

Información adicional

Entregas intracomunitarias de bienes y servicios	59	
Exportaciones y operaciones asimiladas	60	
Operaciones no sujetas o con inversión del sujeto pasivo que originan el derecho a deducción	61	

Exclusivamente para aquellos sujetos pasivos acogidos al régimen especial del criterio de caja y para aquéllos que sean destinatarios de operaciones afectadas por el mismo:

	Base imponible		Cuota	
Importes de las entregas de bienes y prestaciones de servicios a las que habiéndoles sido aplicado el régimen especial del criterio de caja hubieran resultado devengadas conforme a la regla general de devengo contenida en el art. 75 LIVA	62		63	

	Base imponible		Cuota soportada	
Importes de las adquisiciones de bienes y servicios a las que sea de aplicación o afecte el régimen especial del criterio de caja	74		75	

Resultado

Suma de resultados ([46] + [58])	64	
Atribuible a la Administración del Estado [65] %	66	
Cuotas a compensar de periodos anteriores	67	
Resultado ([66] - [67] + [68])	69	
A deducir (exclusivamente en caso de autoliquidación complementaria): Resultado de la anterior o anteriores declaraciones del mismo concepto, ejercicio y periodo	70	
Resultado de la liquidación ([69] - [70])	71	

Exclusivamente para sujetos pasivos que tributan conjuntamente a la Administración del Estado y a las Diputaciones Forales. Resultado de la regularización anual.
68 euros

Compensación (4)

Si resulta [71] negativa consignar el importe a compensar
72 C

Sin actividad (5)

Sin actividad - ☐

Devolución (6)

Manifiesto a esa Delegación que el importe a devolver reseñado deseo me sea abonado mediante transferencia bancaria a la cuenta indicada de la que soy titular:

Importe: 73 D

Código IBAN
E S

Ingreso (7)

Ingreso efectuado a favor del Tesoro Público, cuenta restringida de colaboración en la recaudación de la AEAT de autoliquidaciones.

Importe: I

Código IBAN
E S

Complementaria (8)

Si esta autoliquidación es complementaria de otra autoliquidación anterior correspondiente al mismo concepto, ejercicio y período, indíquelo marcando con una "X" esta casilla.

☐ Autoliquidación complementaria

En este caso, consigne a continuación el número de justificante identificativo de la autoliquidación anterior.

Nº. de justificante

NOTAS, CÁLCULOS Y DESAHOGOS

NOTAS

NOTAS

El mismo día en que este libro se dispone a entrar en imprenta el Gobierno anuncia una rebaja del IRPF para los autónomos: en 2015 bajará del 21% actual al 19% y en 2016 del 19% al 18%. ¿Qué ha pasado? Se preguntarán entusiasmados. Pues nada, amigos y amigas, que el año que viene es año electoral y cuando llegan las elecciones los autónomos somos la niña de los ojos de cualquier político. Aprovéchenlo, que después volveremos a lo de siempre.

Buena suerte.